大展好書　好書大展
品嘗好書　冠群可期

大展好書　好書大展
品嘗好書　冠群可期

血型系列
3

O血型與十二生肖

萬年青　主編

品冠文化出版社

序　言——明日幸福生活的指南

「占卜」可以窺古觀今，亦是探尋美好遠景的指標。在許多占卜術當中，「十二生肖占卜術」是中國自古以來傳統的重心，遵循陰陽法規並加以合理的推斷。因此，它是自古到今掌握人類運勢的神秘占卜術。

一個不甚瞭解占卜術的人，也許會說：「那個人是馬年生的，所以個性較活潑、開朗！」或是「這個人是鼠年生的，有刻苦、勤儉的精神！」等等。

因此，大多數的人對於出生年次的不同，所造成的性格差異，都有某種程度的認識。

可見「十二生肖占卜術」是如何深植一般人的心裡，並且與我們的生活息息相關。

本書是將「十二生肖占卜術」的奧秘，以及「血型性格判斷」的精華，做一空前的大結合。

我們可根據由出生年歲所推測的運勢和性格，加上精密的血型判斷，使我們更進一步地瞭解自己，並在未來生活中，發揮截長補短的功能。

在人生的旅途中，將會與何人相遇?會發生什麼事情?本書在性格、緣分、愛情、婚姻、人生等方面均有詳細解說，它將幫助您踏上幸福美滿的人生旅程。

目錄

序言……三
十二生肖表……六
O血型人的一般性格……九
O血型鼠年生的人……一三
O血型牛年生的人……二九
O血型虎年生的人……四五
O血型兔年生的人……五九
O血型龍年生的人……七五
O血型蛇年生的人……八九
O血型馬年生的人……一〇三
O血型羊年生的人……一一七
O血型猴年生的人……一三一
O血型雞年生的人……一四五
O血型狗年生的人……一五九
O血型豬年生的人……一七三
你和他的姻緣表……一八七

十二生肖表

你的出生年代(民國)					生肖
民國 49 年	民國 37 年	民國 25 年	民國 13 年	民國 1 年	鼠 
民國 50 年	民國 38 年	民國 26年	民國 14 年	民國 2 年	牛 
民國 51 年	民國 39年	民國 27 年	民國 15 年	民國 3 年	虎 
民國 52 年	民國 40 年	民國 28 年	民國 16 年	民國 4 年	兔 
民國 53 年	民國 41 年	民國 29 年	民國 17 年	民國 5 年	龍 
民國 54 年	民國 42 年	民國 30年	民國 18 年	民國 6 年	蛇 
民國 55 年	民國 43 年	民國 31 年	民國 19 年	民國 7 年	馬 
民國 56 年	民國 44 年	民國 32 年	民國 20 年	民國 8 年	羊 
民國 57 年	民國 45 年	民國 33 年	民國 21 年	民國 9 年	猴 
民國 58 年	民國 46 年	民國 34 年	民國 22 年	民國 10 年	雞 
民國 59 年	民國 47 年	民國 35 年	民國 23 年	民國 11 年	狗 
民國 48 年	民國 36年	民國 24年	民國 12 年	民前 1年	豬 

7 十二生肖表

你的出生年代(民國)					生肖
民國 109 年	民國 97 年	民國 85 年	民國 73 年	民國 61 年	鼠 
民國 110 年	民國 98 年	民國 86 年	民國 74 年	民國 62 年	牛 
民國 111 年	民國 99 年	民國 87 年	民國 75 年	民國 63年	虎 
民國 112 年	民國 100 年	民國 88 年	民國 76 年	民國 64 年	兔 
民國 113 年	民國 101 年	民國 89 年	民國 77 年	民國 65 年	龍 
民國 114 年	民國 102 年	民國 90 年	民國 78 年	民國 66 年	蛇 
民國 115 年	民國 103 年	民國 91 年	民國 79 年	民國 67 年	馬 
民國 116 年	民國 104 年	民國 92 年	民國 80 年	民國 68 年	羊 
民國 117 年	民國 105 年	民國 93 年	民國 81 年	民國 69 年	猴 
民國 118 年	民國 106 年	民國 94 年	民國 82 年	民國 70 年	雞 
民國 119 年	民國 107 年	民國 95 年	民國 83 年	民國 71 年	狗 
民國 108 年	民國 96 年	民國 84 年	民國 72年	民國 60年	豬 

O血型

O 血型人的一般性格

不論遭遇任何挫折，都能勇往直前

O型的人個性較為開朗，且能夠直接表達自己的意見，做事不會拐彎抹角，並富於果斷力。

O型人對朋友很講義氣，遇事不平則仗義勇為，所以，處處都能贏得他人的敬慕，是一個值得信賴的人。這種人若想做一件事，就會奮不顧身地前進，因此，往往忽略了其他因素。

O型人和他人交往時，都能坦承相對。但是，有時卻表現得頑固不靈，而招致他人的怨言。而且O型人會清楚地劃分界線，非友則敵，一經認定，就毫不留情地展開攻擊。但是，由於O型人個性豪爽磊落，因而不屑於暗箭傷人，對於過去的齟齬，亦不會懷恨在心。

由於O型人的個性衝動、心直口快，往往容易得罪他人，所以，常常使他人添加許多無謂的麻煩。

戀愛時，毫不在乎他人的想法

O型人做任何事情都想得第一，其好勝心之強，是其他血型的人所無法比擬的。當自己有不如人的地方時，就會更加地鞭策自己努力向上。雖然A型的人也有這種競爭意識，但沒有O型人那般強烈。特別是在學業、事業方面，O型的人常與比自己實力強的人競爭，有時明知自己的能力不足以向他挑戰，但還是咬緊牙根，勇往直前。

這種競爭意識高昂起來時，就容易把他人的學歷、財產、容貌等一一分出高下。因此，O型人會把自己和相同地位的人聚集起來。不過，有時也會有強烈的排他性，以致招人非議。

但是，如果在競爭意識上往好的方面發揮的話，O型人的成就，會令人刮目相看的。

在愛情方面，由於O型人個性爽朗，所以，當他一旦愛上了某一個人，便會不計得失，全心全意地投入。他也不在乎別人的想法，只是一味地沉溺於狂熱的愛情世界中。平常，O型人總希望自己的另一半是個人人羨慕的對象。

一般說來，O型人的戀愛是主動且熱情的，即使是女性，一旦遇到心目中的如意郎君，也會主動地表示好感，並積極地追求。

O血型

鼠年生的人

性格——可愛動人但過於固執己見

固執是O型鼠年生的人最大的特徵。這種人表面上看來雖然溫和，但事情一經決定，任誰苦口婆心的勸說，都無法改變他的決心。

這種固執的個性，如果往好的方面發展的話，就會表現出堅強的意志，或不屈不撓的精神；但是，如果往壞的方向發展，就會變成自私的本位主義或桀傲不馴的個性。

在人際關係方面，O型鼠年生的人，很能體貼、關心周遭的人，不會表現出那頑固的一面。同時，在團體中表現得讓人覺得很可愛，尤其是很得長輩的疼愛。

好奇心強，對任何事情都想很快地插上一手，這也是O型人的一大特徵。對於自己所必須做的事情，都能巧妙地處理，但是無法長久地持續下去，這是美中不足的地方。這種人，大都腦筋靈活，知覺敏銳，但其做事態度僅是五分鐘熱度而已，比較喜歡新鮮的事。

有時，情緒出現低潮時，平時那開朗的個性，這時就一下子變得毫無精神。這種情形，必須經過一段時間，才能恢復。

人際關係——最厭惡與人爭吵

O型屬鼠的人自尊心很強，自我意識也非常明顯；但是，人際關係卻非常圓滿，因為O型鼠年生的人最不願意與人發生爭執。

他厭惡與人爭吵的原因，在於怕傷害到自己的自尊心和會破壞了平靜的私生活。

O型鼠年出生的人，雖然有自我犧牲的精神，但卻極少表露出自己的心事。所以，往往會讓周圍的人無法了解，他心裡究竟在想些什麼。然而這種過度抑制的情緒，一旦爆發起來就令人無法招架得住。

遇到旁人有困難時，縱使相交不深，他也會盡心幫助他。但有時太過於熱心，以致被認為是愛管閒事的人。

這種人，經常和同伴嘻嘻哈哈的，但是，有時候卻又露出一副落寞的神情，把自己孤立起來。

他也嚴格區分上級、下級和長輩、晚輩。所以，這種人對長輩總是彬彬有禮，在公司裡，往往較能獲得特別的關照。

人生——盛衰差距小

O型鼠年生的人，較善於處世，能巧妙地克服人生的各種困難，所以，浮沈的差距小，生活也比較平穩。在學業和工作方面，也能知道上進，所以，大都能過著水準以上的生活。

雖然O型人的個性豪爽，在金錢方面，也較為慷慨；但是，在十二生肖中，以鼠年生的人，較會在乎金錢。所以，O型鼠年生的人，其個性往往較極端，不是過於浪費，就是過於吝嗇。

這種人適應環境的能力很強，對於被分派的工作能夠敏捷且妥善的處理，所以，經常是一個團體中的重要人物，最後往往擔任重要的職位。就女性而言，則必定是個典型的職業婦女，不僅能成功地處理家務、養兒育女，在外也一樣能和男性一較長短。

由於這種人的上進心強，所以，一旦遭遇挫折，就會對自己的人生失望。即使由於自己想儘快成功，以至於操之過急而觸礁，最後，因無法忍受而認為自己本身一無是處。

機運——按部就班，循序漸進

O型鼠年生的人，生性腳踏實地，不尚浮華。能按部就班、循序漸進，最後，定能成功。

這種人，有時也會有孤注一擲的作法，這是非常危險的，尤其是遇到一竅不通的大場面，往往很容易手忙腳亂，就沒有平日的鎮靜。

O型鼠年生的人，不太適合群策群力、分工合作的工作。因為他的開運關鍵乃在於單獨行動，亦即需憑個人的本事，在自己能力所及的範圍內，穩健地前進，開創自己的事業。

職業——生性勤勞，適於經商

O型鼠年生的人，富於經濟頭腦。經常能夠積存小錢，使其成為一筆大財富。由於這種人，生性勤勞，腳踏實地，所以，不管從事何種事業，都會成功。但是，最適合的職業，莫過於經商。不管商品類別如何，最好自己親自從小規模的商店經營起。

此外，這種人大都人緣極好，廣受人們的歡迎，因此，若從事電視演員或主持人這一行，也很適合。

愛情——認爲「施比受更有福」

O型鼠年生的人，大都溫柔含蓄。為了討自己所愛的人歡心，他會盡力迎合。但是，若是個豪爽、略帶男性化氣質的女性，反而喜歡平淡、坦率的交往。

不論如何，O型鼠年生的人，對於自己的愛，有絕對的自信，所以，他會全心全意地奉獻，而不在乎對方的想法。

最能表面出這種人的愛情特徵，便是失戀的時候。如果是對方變心，那麼，他絕不會有再與對方交往的念頭。縱使自己深陷，而無可自拔、痛苦萬分，表面上他也會裝得若無其事的樣子。

這種人由於具有強烈的自尊心，故不容易表現出痛苦落魄的樣子；而且這種人的愛情原則是「施比受更有福」，所以在失戀時，所受到的打擊也較小，且能夠在短期內重新尋覓伴侶，並一心一意地對待對方。

婚姻——善於理家的賢妻良母

O型鼠年生的人，對家庭很有責任感，尤其是女性，結婚後，把家關照得無微不至，是個典型的賢妻良母型。如果是個活潑爽朗、善於社交的女性，那麼，結婚後，仍會在外工作，成為職業婦女。

縱使這樣，家庭在女性心目中仍佔有重要地位。

這種人有早婚的傾向，有的女性甚至不到二十歲，就已經生兒育女了。

性愛——充滿好奇但並不強烈需求

O型鼠年生的人，因為好奇心強，所以，從青春期時，對性愛就特別關心，但是，一旦付諸行動時，卻顯得膽小、害怕，而不會有強烈的需求。

由於老鼠是多產動物，因而有些人認為鼠年生的女性，較喜歡性愛行為，但是，與其這種說法，倒不如說他特別喜歡圓滿的夫妻生活，也喜歡小孩來得正確。

所以，這種女性，絕少有紅杏出牆的行為。

適合你的結婚對象

【屬鼠的人】

若想和屬鼠的人結合，需付出相當的代價，因為彼此同是鼠年生的人，所以，雙方的心事大都能互相了解。

由於對方與自己同樣是個自尊心很強的人。所以，只要彼此互相體諒，克制自己的任性，便能成為幸福美滿的一對。

【屬牛的人】

你們是很適合的一對，不過，在初次見面時你會覺得他和你合不來，但是，他的優點確實很能彌補你的缺點。

牛年出生的他，動作較遲緩，所以，在生活上往往無法和急性子的妳互相配合，因此，無形中會有些嫌隙。因此，必須特別注意。

【屬虎的人】

屬虎的人，個性和態度上較為強硬，無法靜心地聆聽你說話，久而久之，亦導致妳心裡不滿。

和他在一起時，對方常專斷獨行，毫不考慮你的感受，所以若想要和他繼續交往，最好放寬心胸，一切聽他的。

【屬兔的人】

外表看起來，似乎是個溫柔體貼的人，但實際上，他卻是個相當冷淡的人。和他做個普通朋友還可以，若想再進一步交往，妳一定會失望的。而且因為他是個屬於大眾情人型，所以，不可能只和妳一個人交往。

【屬龍的人】

在不知不覺中，妳會被他的男性魅力所吸引，而且他高遠的理想，在無形中會使妳願意與他同行。

他雖然渾身充滿男性氣概，但卻喜歡富有羅曼蒂克的氣氛。所以，只要妳以成熟的態度對待他，也許會有圓滿的結果。

【屬蛇的人】

他的神秘以及浪漫的外型，會讓你十分著迷。

除非你已深陷、非跟定他不可，否則，最好和他保持距離，免得吃虧。

【屬馬的人】

他的性情開朗，猶如溫暖的春風，拂過妳的心坎，令妳感到無比舒暢。

但他生性愛花俏、出手大方，與生活態度踏實的妳，會處處顯得格格不入，所以，這樣的人或許不適合作為妳結婚的對象。而且在他的面前，最好不要採取神秘的作風，做個普通朋友就好了。

【屬羊的人】

為人穩重、做事謹慎的他，或許會博得妳的好感。但是，兩人之間，也不知為何，總感到有點隔閡，較無法互相了解。所以，兩人的關係雖然很好，卻一直無法突破普通友誼的界線。

【屬猴的人】

你們兩人的關係非常微妙，他富有機制的談話，往往會令妳著迷。雖然他善於迎合妳的意思，但是，本質上他是善意的，有時他對妳調皮搗蛋，不過，他仍是個感情豐富的人。

【屬雞的人】

雖然雞年生的他聰明能幹，也有些任性和傲慢，但你卻非常喜歡他。

愛好和平的你，和愛與人爭執的他，由於個性上的相差，最好還是保持適當的距離。

【屬狗的人】

他的個性優柔寡斷，做事猶豫躊躇，因此，常會令妳感到沒有安全感，但他為人和善，且富於正義感。

能力方面，雖然無法令妳欽佩，但只要兩人以互相扶持的態度交往，或許會有順利圓滿的結果。

【屬豬的人】

個性直率、坦誠，若想做一件事情，便會不計成敗，冒死前往，有時連妳也拿他沒辦法。

感情容易動搖的你，對於他的專情，也許日子久了，就會感到厭煩。所以，還是和他保持一段距離比較好。

如何表現你的魅力

「可愛」可說是O型鼠年生的人的一大魅力。靈活動人的雙眼、靈巧的動作，均是吸引周遭異性的魅力所在。

若在自己所喜歡的人面前，裝得一本正經，掩蓋自己本來的面目，反而會有反效果。所以，只要真誠地以本性相處即可。

此外，溫柔細心乃是鼠年生的人特有的氣質，它能彌補對方的粗線條。而且O型的大方，能夠溫柔對方惶恐不安的心。

穿著應以輕快、活潑的服裝較為適合。

選擇適合你的對象

不管年紀多大，你的個性總是帶有孩子氣，所以說穩重和沉著是鼠年出生的他，永遠使你有安全感，是理想的結婚對象。尤其是A型牛年生的人，更能掩蓋你任性和缺乏耐心的缺點。

當情侶的話，馬年或龍年生的他最為適合，因為這種人興趣廣泛，深思熟慮，是個可靠的男伴。

至於女伴的選擇，猴年出生的她，是最理想的對象。由於這種女性腦筋靈活，定能提供您許多意見。

給你的建議

【學業】你的個性穩健踏實，是一個成績名列前矛的好學生。縱使父母、師長沒有督促你讀書，自己也能自動自發專心於課業，是個不必讓人操心的孩子。
你最缺乏理論性的邏輯觀念。所以，如何克服數理方面的問題，當是重點所在。

【事業】O型鼠年生的人，屬於埋頭苦幹型的人。在工作場所，也許未必是個十分傑出的人物，但是，卻能夠腳踏實地的向成功之道邁進，因此，不要只堅持一種工作，應該發揮O型人特有的強烈好奇心，擴大工作領域，才是走向成功的要訣。

【經濟】財運得天獨厚，尤其是中年以後，財源更豐富。由於年輕時代的苦幹，因此，晚年大都能過著富裕的生活。但是，若是出現O型人浪費的劣根性，則往往會破壞財運，這是必須注意的一點。

【健康】胃腸等的消化系統較弱。也常有婦女疾病出現，因而容易導致寒冷症及生理不順等現象。雖然由於先天體質較健壯，不易患病，不過，最好還是多做戶外運動。

O血型

牛年生的人

性格——厭惡謊言，個性頑固

O型牛年生的人，是個默默耕耘者，雖然並不起眼，但卻給人既穩重又安定的感覺。這種人平生最討厭說謊者，做事正直且光明磊落。

另一方面，這種人個性頑直，缺乏彈性，無法通融，尤其是當發現對方說謊，欺騙自己或者背叛自己時，縱使對方知錯道歉，也不輕易地原諒對方。因此，很容易予人「如頑石般不知變通且毫無情趣」的印象。但是，如果表現出O型人特有的幽默氣質，或許能掩蓋這種缺點。

O型牛年生的人，大都缺乏口才，木訥成性，不善交際應酬，所以，往往原本熱鬧的場面，一旦加入這種人，就莫名奇妙地突然安靜下來。

O型牛年生的人，不會把自己的快樂建築在別人的痛苦上。有時，雖然滿腔熱誠，但由於不善於表達自己，而易使人誤解為沒有感情的人。一般說起來，O型牛年生的人的耐力，在十二生肖中是最強的，特別是在逆境中，更能發揮這種特性。

人際關係——雖然交際範圍狹窄，卻能深交

O型牛年生的人，認為如果相互來往，就應有交往的意義存在。剛認識時，也許會令人感到難以親近，但是，時間一久，便會慢慢地互相了解，最後，終於成為莫逆之交。

由於這種人大都很重視友誼，因此，很能獲得朋友的信賴。又因其生性不善逢迎或附和他人，所以，交際的範圍狹小，但是與人交往時，大都能坦誠相待。

平時，這類型的人，性格沉著穩重；然而，有時候情緒起伏不定，一旦動起怒，便暴跳如雷，使得周圍的人都大吃一驚。

另外，這種人對自己的人生充滿信心，有時看到他人做事的態度，會感到不滿，而嚴加指責，以至於引起對方的反感。

有時行為會與現實脫節，去熱衷他人不屑一顧的事情上，因而往往被認為是怪人。由於這類人，不管是說話或者動作總是慢半拍，所以和急性的人往往合不來。且因生性善良、熱心，因此，常常會有受騙的情形。

人生——耐心等待良機，生活踏實穩健

O型牛年生的人，凡事均能耐心地等待時機的來臨。但是，當發揮出O型人拓荒精神的天性時便會積極前進，不過，這種情形不多見罷了。

這種人做事大都極為謹慎，凡事三思而後行，所以，其一生大都踏實穩健，少有落魄的時候。

且當開始著手從事一件事時，往往顯不出特別之處，但是，由於堅守自己的原則，並以踏實的腳步前進，所以，成果往往凌駕他人之上。

此外，O型牛年生的人，常渴望安定，所以，其生活就會流於單調乏味，因此，有時連自己都會抱怨生活的無聊。

機運——人際關係決定一切

O型牛年生的人，大都屬於大器晚成型。年輕時代，很少能得到貴人扶助，幾

乎都是靠自己堅忍不懈的努力而功成名就。

不管怎麼說，這種人往往為達成自己的目標，而漠視他人的存在，以致於讓人覺得他在白費精力，然而，這正是其成功的關鍵所在。

不過話說回來，如果這種人能夠花點心思維護良好的人際關係，且謙虛處世，成果想必更為豐碩。

職業——與其勞心，不如勞力

O型牛年生的人，行動往往偏於只重理論而忘卻付諸實行，所以，與其從事勞心的工作，不如從事勞力的工作。

以男性來說，O型牛年生的人，在土木建築以及經營果園方面，成功的例子相當多。就女性而言，從事一般人認為女性不適合的女警察，或者溜冰教練等的例子也很多。

總之，O型的積極加上牛年生的人的慎重，則從事任何行業，都能稱心愉快。

愛情——不容易產生男女間的濃情蜜意

O型牛年生的人，因不善於表達感情，所以，縱使滿腔的熱情，也不知如何傳達給對方。

原本就不善言辭，一旦戀愛，更是有口難言。有時，常常心裡已決定要在今天的約會時表明情意，但卻畏縮膽怯，不敢表達。以致一延再延，終至分道揚鑣。

O型牛年生的人，穩重體貼，讓人有安全感。但在戀愛中的感情，往往不十分濃烈，倒彷彿是普通朋友般。所以，如果沒有特殊的原因，雙方很難維持穩定的感情。

由於這種個性，因此，常會被人誤為是個「不解風情的人」，但是，如前所述，O型牛年生的人，心中暗藏的熱情，以及對愛情的狂戀態度，是誰也比不上的。所以，若是兩人的關係穩定，往往會成為他人羨慕的一對。當然，這種人對感情相當執著，絕不容許對方愛情不專或拋棄。

婚姻——由相親而結婚比戀愛結婚來得適合

很奇怪的，O型牛年生的人，大都是經過相親而結婚。當然，這與其本身的不懂戀愛技巧有關。但與其這樣說，不如說這種人重視安定，喜歡這種安全可靠的交往方式。

總之，不管是戀愛結婚或是相親結婚，一旦結了婚，O型牛年生的人，家庭觀念相當濃厚。尤其是女性，她會嚴格要求自己配合丈夫，同心協力地建立一個幸福美滿的家庭。

性愛——對自己所愛的人，會熱情洋溢

O型牛年生的人，對性愛成熟較晚。有時，同伴間談及性愛的事情時，往往因無法即刻領悟，而被譏笑為「呆頭鵝」。

但是，這種人與所愛的人有進一步的感情進展時，會一下子興起做愛的念頭，

甚且體力和精力旺盛，而能於性愛中達到最高潮。大致說來，這種人不會越軌，更不會和他人發生不正常的關係。

適合你的結婚對象

【屬鼠的人】

初次見面時，他的坦率會令妳著迷。這種人個性踏實、做是負責認真、溫柔體貼，是個理想的結婚對象。

但是，如果雙方個性同是倔強固執類型，吵架時，你最好若無其事地讓步，才能維持雙方良好的關係。

【屬牛的人】

要跟他做個普通朋友很容易，但卻很難超越普通友誼的界線。

有時，妳希望和他多談談，他卻沉默寡言，因而常令你感到毫

無安全感。

不過話說回來，你們同是屬牛的人，生性踏實勤奮，若想改善雙方的關係，最好將心比心，共同努力。

【屬虎的人】

生性喜歡冒險的他，和個性沉著的你，多少有點出入。

他充滿鬥志的性格，不過有時候也需要借重妳冷靜思考力的指點。所以，妳應堅守自己的原則，關心他的動向。

【屬兔的人】

屬兔的他口才不錯，為人和氣，能夠很快地和他人打成一片，或許拙於言辭的你，會被他的這種魅力所吸引。

然而，由於對方的善變，你們之間的情感易起波折，所以，最好還是和他僅維持淡淡的君子之交才是上策。

【屬龍的人】

幹勁十足的他，常會令妳感到困惑。而且較愛面子的他，和生性踏實的妳會有些格格不入。

所以，最好還是保持距離，因為踏入他的圈子裡，對妳一點好處也沒有。

【屬蛇的人】

他的富於神秘性與浪漫熱情的性格，與之深交之後自能了解。他能充分地感受妳的愛，且熱情地對待你。

但是，他的自尊心很強，所以，你最好避免給予他無意間的傷害。

【屬馬的人】

他個性開朗，和你恰好成強烈對比，或許你會欣賞他的這種個

性，但是，他的情緒不穩，做事敷衍隨便的態度，終會令妳感到無法忍受的。

【屬羊的人】

外表看起來似乎是不怎麼可靠的人，但他卻能襯托出妳的優點。

心思細密的他，總希望妳能順從他。然而，當他對於妳那個固執的個性有怨言時，你們的感情便會產生裂痕，所以，最好妳能顧及他的顏面，不可太過分。

【屬猴的人】

這種人為人和善，又有機智，是個很得人緣的人。當妳心情不佳時，他會給予妳適當的關懷，和你聊天，逗你開心。

如果和他成為一對情侶時，他的感情就無法持久，所以，你若和這種人交往，一定是悲劇收場。

【屬雞的人】

口齒伶俐且做事毫不含糊的他，不把自己的想法說出來會很不舒服，這樣的他，跟妳很合得來。若妳也把自己的煩惱提出來與他商議，便能獲得圓滿的解決。

且他很能了解你耿直的性格，所以，只要妳以坦承的態度與他交往，便可相處愉快。

【屬狗的人】

他的正義感，且做事全力以赴的精神，或許會博得妳的好感。但是，他那種僅為些微的小成就，就得意忘形的舉動，往往會讓妳對他的印象大打折扣。

所以，如果想和他繼續交往下去的話，妳必須要有相當大的度量才可。

【屬豬的人】

豬年出生的他，一經決定的事，就會衝動地去做，而你謹慎踏實，兩人顯得有點難以協調。雖然你會喜歡他那樸素的個性，但你們生活步伐無法一致。

在他面前不要過於固執己見，但若為了配合他而壓抑自己，這樣對你來說，有點勉強。

如何表現你的魅力

O型牛年生的人，不僅行事謹慎，且富人情味，並能設身處地替人設想，但卻無法顯現她的迷人之處。裝扮方面，傾向於穩重型，所以，往往沒有年輕人應有的活潑朝氣，而流於老成。

當然，也不是要打扮得很時髦，只是，盡量地能夠表現出妳女性魅力的裝扮即可。譬如，穿著白衣藍裙這類樸素的服裝時，別忘在胸前戴上一枚別緻的胸針，或者點綴其他高雅的飾物，僅此，便可大大改變妳的形象。

選擇適合你的對象

O型牛年生的人，其最大的缺點，便是做事太過於慎重。所以，不論是在工作或娛樂方面，若能嘗試選擇和自己個性完全相反的對象，或許會過得更愉快些。

譬如B型猴年生的人，跟妳並不是很投緣的人，但是，就因兩人的性格以及生活方式不同，反而能互相刺激，而令妳感到生活上有些新鮮感。

另外，鼠年、蛇年和雞年出生的人（特別是A型）對於妳的一切，大都能了解，且能把你照顧得無微不至。所以，雙方能夠順利交往，互相提攜。

給你的建議

【學業】　像英語、國語、史地等屬記憶性的科目，你較為拿手。

但是，對於像數學、理化，理科等方面的科目，若與他人相比，便覺稍有遜色。所以，最好在平常多多訓練自己的思考能力。

【事業】 O型牛年生的人，在工作方面能勝任愉快，是因你懂得利用時間。特別是單獨作業的工作，你會依自己的方式進行，往往成績相當可觀，但如果是屬共同作業的情況，對你來說，由於天生的慢半拍個性，所以較為吃力。因為共同作業，必須依計畫上的進度，儘快處理妥當。

【經濟】 O型牛年生的人，平常使用金錢方面很節儉，但有時也會花費無度，常常在浪費了金錢之後，後悔不已。

另外，O型牛年生者容易心軟，常常大力地幫助別人。希望以後要量入為出，適當地幫助別人就可以了。

【健康】 牛有四個胃，屬於體壯的動物；同樣地，牛年生的人，得天獨厚，大都身體健壯。

但往往對自己的健康情況過於自信，而暴食暴飲，導致腸胃疾病。再不然就是操勞過度，希望這些要多加注意。

O血型

虎年生的人

性格——開朗坦率而純真

虎年生的人，性格和獅子座的人，十分相似，都喜歡熱鬧的場面。有老大哥、老大姊的風範，情緒變化無常，忽冷忽熱。

再加上O型的直率，以及愛出鋒頭的本性。所以，O型虎年生的人，往往就像盛夏的太陽般熱力四射，在團體中常是維持熱鬧氣氛的主要人物。

O型虎年生的人，由於個性開朗，且過於熱情，所以，常被誤為輕浮又奢華的人。但實際上，這種人大都心性純樸實在，常常就像孩童般的單純，毫不掩飾自己的真面目，也不在乎他人的想法，天生就是樂觀、自我意識強烈的人。因此，處世態度往往趨向於我行我素。

而且O型虎年生的人重感情、做事過於熱心，往往不考慮自己的情況。只要他人一有所託，便不遺餘力地幫忙到底。

有冒險精神且勇氣十足，他人畏縮不前的事情，常奮不顧身地去做，因欠缺慎重，而導致失敗。但O型人並不會很在意失敗。

人際關係——相識雖廣，但都不是深交

O型虎年生的人，較善於交際。特別是對於豪華的宴會場所，或者是集體外出旅遊的活動，都興趣盎然。

當然，這樣一來朋友就很多了，朋友當中有各個階層和職業，由於他的生性親切、平易近人，因此人緣很好，且廣受各階層朋友的歡迎，所以說「相識滿天下」是其最大特徵。應酬時，這種人表面看起來熱絡、融洽，但卻無法與對方做更深入的交往。

另外，情緒不穩定，是O型虎年出生者的最大缺點。往往剛認識不久，便能和他處得很熱絡，但很快就會生膩了，也很快地將目標轉向他人，故常被批評為喜新厭舊。因而不容易獲得知心朋友。

其實，O型虎年生的人也難有真情和正義感的，但由於喜好熱鬧的交際場面，因而無法獲得真心朋友，導致內心常常感到寂寞孤單。所以，最好多與朋友做深入的了解，才可解除自己莫名奇妙的茫然感。

人生——爲了清高不怕吃虧

如果有人問：「『人生的花』和『人生的果』，你會選擇哪一個？」O型虎年生的人，一定會毫不猶疑地回答：「選擇花」。因為這種人的人生觀大都是榮譽至上的。

縱使明明知道會吃虧，但為使自己的生活方式保持清高，仍會堅持下去，所以常常讓周圍的人嗤之為裝模作樣。但O型虎年生的人，根本就不在乎他人的批評及眼光，只一味地照著自己的信念，走自己的路。

當然，這種生活態度，有時不僅傷害到自己，也會影響到和自己站在同一陣線的人。使自己的親朋好友，增添許多無謂的麻煩。

O型虎年生的人，大都身心狀況良好。若是好運當頭，大都有飛黃騰達的人生，但有時一遭遇到挫折，便一蹶不振。這種人，往往對自己過於自信，凡事唯我獨尊，以致喪失許多良機。所以，為了使本身的熱情以及積極的行動力，得以充分發揮，最好在行動前，先三思而後行，才能獲得滿意的成績。

機運——積極地創造機會

「聰明人創造機會，普通人抓住機會，愚笨的人讓機會溜走。」O型虎年出生者，從年輕時代就很有能力創造好機運，這是其特徵之一。因此，別人都很羨慕O型虎年出生的人。但是，這種人缺乏耐性，不會充分地活用已有的好機運，就因為沒有持續地努力，所以讓機會在指縫間溜走。

O型虎年出生者，做事情必須要謹慎周密的計畫和堅強的毅力，才能成功。

職業——適合外勤工作

O型虎年生的人，由於行動力和精力過人，往往不適於擔任內務以及必須細心且單調的工作。以推銷員、營業部人員等職業，較能充分發揮他的專長。

另外，像導遊，以及某種運動的倡導者等社交性質的工作，都較適合O型虎年生的人從事的工作。

愛情——喜歡轟轟烈烈的戀愛

在擠滿人群的車站裡，或是在裝潢華麗的餐館內，把一朵紅色的玫瑰花獻給對方，且熱情洋溢的向對方表達愛意……等等，這種誇大的、引人注目的場面，O型虎年生的人最為喜歡。

總之，這種人做事喜歡轟轟烈烈的。不僅自己如此，也要求對方配合。或許有人會認為這種人幼稚或愛出風頭，但他本人卻不這麼認為，只一心一意地追求熱烈的戀情。

O型虎年生的人，一旦戀愛了，就會把全部的心思放在感情上，且眼裏只有對方，甚至把學業、工作擱在一旁。然而這麼激烈的戀情，一旦冷卻、變質時，就好像未曾發生過似地銷聲匿跡，這就是O型虎年生的人的愛情姿態。

這種一閃即逝的戀情，常令尚在熱戀中的對方不知所措。一旦冷卻下來，不論怎麼做都無法挽回這份戀情。所以，O型虎年生的人，常被認為是沒有誠意的人或是個「愛情騙子」。

婚姻——只要情投意合，便閃電結婚

O型虎年生的人，大都是戀愛結婚的，相親結婚的為數極少。而且只要一燃起愛的火花，便閃電結婚，使人有措手不及的感覺。

儘管父母親、長輩們不斷的警告、苦勸，都僅是馬耳東風。反正，要結婚就是要結婚，任誰也干涉、阻止不了。但是，一旦結了婚，雙方只要有一方不能協調，便無法忍受，馬上就想要離婚。虎年出生者，離婚率高也是特徵之一。

性愛——喜歡夢幻般的浪漫氣氛

O型虎年生的人，在戀愛和結婚方面，都表現了如火般的狂烈態度，但在性愛方面，卻異常的純情，態度被動且柔和。對方一有所需索，便會配合他，自己絕不會採取積極的態度。

性愛時，喜歡在充滿羅曼蒂克的氣氛中，就好像電影畫面上或小說裡所呈現出來的那種浪漫，充滿著幻夢與憧憬。若是好冒險的本性表現出來時，就會很快地與異性有性行為。

適合你的結婚對象

【屬鼠的人】

屬鼠的他，對妳來說，並不是很理想的對象。但他會被妳的熱情所吸引，而追求妳，或許妳會對這點感到莫名奇妙。所以說，如果你們以兄妹關係的態度來維繫感情，亦可相處愉快。

【屬牛的人】

心中縱使熱情洋溢，卻不善於表達的他，若想要與他共同編織如你所願的，那種轟轟烈烈且充滿詩情畫意的戀情，是極為困難的事。凡是慢條斯里的他，生活步調無法與你配合，所以，僅僅是普

通朋友，相處起來也很費力。

【屬虎的人】

如果你和虎年出生的他成為情侶時，周圍的人會投以羨慕的眼光。然而，你們彼此的個性均很倔強，常常發生衝突，因此，激烈的戀情，亦很快地就會冷卻，甚至消逝得無影無蹤。

【屬兔的人】

屬兔的他，相當地保守，因此，一旦妳和他墜入戀情中，就會不顧一切的迎合他。然而，他卻能保持冷靜的頭腦，而不致被愛情沖昏了頭。

雖然您們能夠互相吸引，但還是逃不掉分手的厄運。

【屬龍的人】

你和他都是喜歡派頭的人，而且有許多地方都很類似。

最大的共同點是你們都以競爭者的態度對待，所以，你和他談不上男女間的愛情。只是在學業或工作方面，互相敵對，彼此無時無刻地意識著對方的存在。

【屬蛇的人】

瀟灑斯文的外貌以及熟練處事態度的他，對於喜愛上流社會的你，一定很能吸引你。但是，他卻覺得你將成為他的負擔。

而且，在戀愛能手的他面前時，你往往會覺得自己無能，而感到惶恐不安。

【屬馬的人】

在迪斯可的舞會場所，你和他會是最引人矚目的一對。而且，兩人毫不在乎他人的眼光，像在只有兩人的世界中狂舞著。像這種為人浪漫且熱情、做事勇往直前的他，才是你理想的對象。

【屬羊的人】

他的個性溫文儒雅，常會令你有缺少什麼東西的感覺；而且，您們一旦墜入戀情中，他就想完全擁有你，使你覺得和他難以相處。所以，你們還是止於普通友誼的關係就好了。

【屬猴的人】

猴年出生的他，是個喜歡撒嬌的男生。從外表看來，他似乎是個有領導者的風範，但實際上，卻是個依賴心很重的人。你剛認識他時，或許覺得他很可愛。因此，生性具有老大姊風範的你，若與他戀愛，將是很融洽的一對。

【屬雞的人】

雞年生的他，對你一見鍾情，而且熱情洋溢地向你展開熱烈的追求。然而，你卻討厭他的任性，不管他如何地殷勤討好，你都不會心動。

【屬狗的人】

喜好熱鬧的你，和生性純樸的他，一旦結為夫妻後，或許周遭的人會認為你們不相稱，早晚都有可能分手。

然而，你和他其實是天生的一對，就好像高貴的女王，和傾慕他的騎士，儘情地享受浪漫的戀情。

【屬豬的人】

豬年生的他，鄉土氣息濃厚。這和你的本性似乎無法協調，而且他對你也不會有什麼好感，所以，你們根本是不相稱的一對。

如何表現你的魅力

O型虎年生的人，似乎天生就懂得如何表現自己的魅力，縱使不特別提醒自己，也能夠巧妙自然的把自己的特色，表現得淋漓盡致。

但必須注意的是，你若獲得對方的好感，最好稍微抑制一下自己的表現慾，特別是在個性溫和的兔年、蛇年和羊年生的人的面前，更不要太直接地表現自己。

選擇適合你的對象

撇開戀愛和婚姻的緣分問題不談，要彌補O型虎年出生者的缺點，最好能夠選擇做事慎重又有耐心的人為伴侶。

譬如A型牛年生的人，雖然欠缺你所期望的浪漫熱情，但是，他卻具備了你所沒有的持久力和耐力。

一般來說，O型的人，大都需要A型人所特有的謹慎態度。特別是O型虎年生的人，這種傾向更為顯著，因為在學業或工作方面，都能夠從A型人的身上得到很多的啟示。

給你的建議

【學業】 O型虎年生的人，成績的起伏很大。心血來潮時，便集中精神，全力以赴，成績因而直線上升，但只要精神稍一鬆懈，成績便一落千丈。所以，最好還是製定日課表，按照計劃讀書。

【事業】　如果是擔任重要的職位，便會發揮其特有的卓越才能，然而，對於日常的瑣事，卻顯得有些笨拙，而且，對於微不足道的雜事，往往不掛在心上，所以，在團體生活中，很容易無意間破壞了團體的秩序。

【經濟】　O型虎年生的人，財運亨通，有時意外地獲得財產，有時從事投機事業賺了大錢。

但因本身不善於理財，所以，錢財常在不知不覺中揮霍殆盡，為了使生活在經濟上平坦無波，最好選擇個性踏實，善於理財理家的伴侶。

【健康】　O型虎年生的人，天生體質強健，偶爾操勞過度，也不至於傷害身體。

但是一到中年以後，過度勞累所累積的症狀往往會逐漸顯現出來，特別是消化和呼吸系統等的成人病，所以，最好平日多留意自己的身體健康。

O血型

兔年生的人

性格——溫和優雅，但有點神經質

O型兔年生的人，待人處世非常得體，且心思細膩，常常笑容滿面。這種人話題豐富且風趣，常引得旁人哈哈大笑。當然，他是一個很得人緣的人，所以，只要團體中有O型兔年生的人，大都氣氛會很融洽。

O型兔年生的人，對於流行話語的掌握運用力很高，且措辭明朗輕鬆。雖然有時摻雜一些粗野的言辭，亦不失其優雅的氣質。

O型兔年生的人，外表看起來，雖然溫順，但卻是個相當神經質的人，稍一有不如意的事，便忐忑不安。也許因兔子是屬膽小的動物，所以，O型兔年生的人，性格較為怯弱。

但是，O型人特有的豪放，大膽的作風，一旦顯露出來，就變得勇敢果決。不過，在場面盛大的重要集會裡，仍會表露出兔年生者特有的怯弱個性。

總之，行事慎重小心是O型兔年生的人之最大特徵。不管做什麼事，總是考慮再三，因而其計劃常難於實現。

人際關係——討厭與人爭執

在性格方面，曾談到O型兔年生的人屬溫順型，所以，在人際關係方面，很少與人產生摩擦。

由於這種人討厭爭執，所以，常被認為是愛好和平者，不過，往壞的方面看是個凡事只求平安無事的消極主義者。

雖然O型兔年生的人，表面上是個好好先生（小姐）型，且凡事唯唯諾諾，唯命是從，然而內心卻相當頑固。

O型兔年生的人，生性樂觀，雖然有時會悶悶不樂，但過不了多久，又會破涕為笑，恢復開朗的本性。

這種人看到可憐的人或者被虐待的動物，常會動起憐憫之心。但是，在家人或者戀人等較為親密的人面前，卻異常冷漠。所以，在人際關係上，這種人最好與較為接近的人多接觸溝通為宜。

人生——平穩的人生

O型兔年生的人處世慎重小心，不會草率行事，因此，其一生都平穩且少波折。這種人討厭浪費時間，喜歡勞動，所以，往往能夠踏實的照自己的計劃前進，而建立了穩固的事業基礎。

如果O型人積極果決的特性顯露出來時，事業就會平步青雲。這種情況，在生活面上說來，是屬細心踏實型。O型兔年生的人，不管多富裕，決不會有隨便揮霍錢財的情形。

一般說來，這種人大都不甘生活流於單調乏味，所以，會不斷地製造生活情趣。譬如培養音樂、文學等方面的興趣。且不喜固定專注某一件情趣的培養，對任何事都是或多或少的去涉獵，而且淺嘗即止，不會深入鑽研。

O型兔年生的人，常常會拿自己與他人的生活水準相比較，如果自己比不上他人，就要心存嫉妬，而且不管男女，常常產生感情糾紛，所以，這種人與人交往時，若毫無誠意，往往會自食惡果。

機運——勇敢果決，往前邁進

O型兔年生的人，由於生性膽小，所以，常會坐失良機，且因過於害怕破壞平穩的生活，而常抑制自己冒險的精神。

因此，O型兔年生的人，掌握機會的關鍵，就是勇敢果決地邁開大步往前走，要對自己有信心，並決心接受任何的考驗與挑戰。

職業——服務性質的工作最適合

O型兔年生的人，人際關係良好，最適合擔任與群眾接觸的服務性工作。譬如，經營酒廊、販賣工作，或者是空中小姐等等。還有像旅館的櫃檯人員、百貨公司裡的銷售員等，會有很好的業績。

另外，O型兔年生的人，由於生性喜歡小孩，所以，擔任小學教員，或者育嬰之類的褓母工作亦適合。且這種人具有語言方面的才能，如果從事翻譯的工作，或者擔任外交官，也能有良好的表現。

愛情——纖細且富浪漫色彩

O型兔年生的人，感情細膩，對自己所愛的人照顧得無微不至，且善於製造氣氛。即使僅是一封信，也能洋溢著浪漫詩意的情調。

由於生性含蓄，所以，絕少有直接表露感情的時候，但卻能巧妙地利用機會暗中傳達給對方。

這種人一旦墜入情網，感情進展到狂熱時，會意外地倦怠下來，這是O型兔年生的人最大的特徵。所以，有時從外表看是一對恩愛夫妻，但實際上，卻是貌合神離的怨偶。

一般說來，O型兔年生的人，常被認為是情場高手。縱使有固定的情人，也常因一時的意氣用事而與初次見面的異性有曖昧的關係。

這種人天生膽小，且極端的害怕受傷害，不過，卻經不起誘惑，而逐漸掉入他人所設的陷阱裡。

另外，這種人嫉妒心強，對情人的感情稍微出軌，便傷心欲絕。

婚姻——典型的家庭主義型

O型兔年生的人，不管男女，都是主張家庭至上者，因此一旦結婚，有了小孩後，戀愛時期的花俏與善變，就會消逝。而全心全意地對待另一半。

但是，這並不是奉獻的愛，往往是因為自己無法忍受婚姻破碎的打擊，而盡力維持的成果。這種人大都很清楚自己善變的性格，才會積極維護家庭的美滿。

性愛——很有技巧

O型兔年生的人，在性方面很早熟，從電視或者雜誌得來的性知識，會很快地告訴朋友。而且在自己的性生活方面也很有技巧。

但這種人在有關性愛方面的煩惱也特別多，甚至，有的在青少年時期，就受過創傷。

適合你的結婚對象

【屬鼠的人】

您們同是擁有細心慎重且踏實的性格，但是，你對於他的言行，往往過於神經質。所以，最好盡量以坦率的心與對方交往，不要疑神疑鬼，而獨自懊惱。

【屬牛的人】

他做事態度認真穩重，雖然表面上你跟他很能夠合得來，但內心卻常覺得他慢吞吞的。

此外，心裡也無法忍受對方暴躁的性格，但是，你並不會將不滿表現出來，因而有時你單純的想法，會受到對方的曲解。所以，最好還是慎重一點。

【屬虎的人】

虎年生的人，做事大都是越挫越猛、雄心萬丈。在感情方面，表現亦然，一旦愛上某人，便會全心全意地猛追。然而，一旦得到對方，熱度隨即冷卻。或許你們只能是逢場作戲的伴侶吧！

【屬兔的人】

你們同屬善於交際應酬的兔年生的人，所以，從外表看來，相似之處甚多，但若欲順利交往，需付出相當的代價。

感情有進一步的發展時，最好儘量改正自己的缺點，以免產生摩擦，不歡而散。

【屬龍的人】

他富於男性氣概，且凡事不服輸的性格，讓你很著迷，而跟著他的腳步走。

他灑脫的舉止，雖然很吸引你，但對於他做事過於自信的態度，你會感到掃興，所以，欲和他順利交往，最好睜一隻眼閉一隻眼，時時誇讚他的優點。因為他實在很欣賞你溫順的氣質。

【屬蛇的人】

對於愛幻想的你，一定會很欣賞他聰明且特異的性格。雖然他表面冷漠，但實際上，內心裡卻很熱情。

所以，如果你跟他交往，最好不要抱著玩玩的心理。他的佔有慾很強，常常令你感到困惱不已。

【屬馬的人】

他生性樂觀開朗，但是，做事莽撞的態度，常令處事慎重的你擔心。

雖然他生性喜歡堂皇富麗的氣氛，但有時又一反常態，顯得很樸實。所以，交往時最好還是坦承一點比較適合。

【屬羊的人】

您們可以說是天作之合。心思細密、做事謹慎的他和個性溫柔的妳，應該能夠相處融洽。

生性含蓄的他，較不易說出心裡的話。所以，最好你能稍微引導他。同時，他也能夠容忍你善變的性格。

【屬猴的人】

他是個交際能手且善解人意，你常能在他富於機智的談話中，得到快樂。然而，當做普通朋友，應是沒問題，但若深交，似乎有待考慮。

因為對方認為愛情只不過是一場遊戲，到頭來受傷的仍是自己，所以，你們還是僅維持著普通友誼的關係比較安全。

【屬雞的人】

他的腦筋靈活、善於口才，是個相當突出的人，且能夠以柔和的態度，給予你安全感，和你一同走入柏拉式的戀愛中。

他自尊心很強，對於你善變的性情，常叱責為不誠。如果你能夠忍受他的嘮叨，便可相處愉快。

【屬狗的人】

他個性正直誠實，做事雖優柔寡斷，但在愛情方面，卻絕對忠實可靠。

家裡只要有他在，氣氛便非常融洽。當他顯得坐立難安的時候，只要你表現出樂觀開朗的一面，就能化解他的憂愁。你們是一對能夠同甘苦共患難的伴侶。

【屬豬的人】

他的專情，或許你會很感動。與個性善良、天真浪漫的他交往，大都能相處愉快。

或許你很在意他的反應不夠靈敏，然而，只要你能設身處地體諒他，而不過分的挑剔他的毛病，感情自然能順利進展。

如何表現你的魅力

O型兔年生的人，其最大的特點，便是渾身洋溢著都市人的氣息以及令人愉快的談話技巧。縱使沒有特別的叮嚀，亦能自然的流露出令人好感的魅力來。

但是，在與牛年生和羊年生的人交往時，還是要抑制自己，不要表現得過於浮華。因為這類人大都性情穩重、態度溫和，所以，最好盡量表現出有內涵的一面。服飾方面，應力求樸素、大方。

選擇適合你的對象

O型兔年生的人，在處理日常生活瑣碎的事情時，尚稱圓滿，然而一旦面臨重大場合，便往往表現出膽怯、猶疑不決的本性。所以，在選擇伴侶時，最好選擇能夠引導自己、帶領自己的人。

譬如，O型虎年生的人，說起來跟你並不是很投緣。然而他卻能彌補你那優柔寡斷的缺點。

另外，A型羊年生的人，A型狗年生的人等等，會把你保護的很好，且在生活細節上無形中給予你極大的安全感。

給你的建議

【學業】 你的頭腦聰明、反應靈敏，不管任何科目，成績大都在水準以上。然因沒有特別突出的科目，所以，往往在較需專門知識的應用上，會很傷腦筋。

【事業】　辦公桌前的工作，或者是業務性質的接洽工作，都能發揮才能。但是，你往往沒有遠大的理想和目標，而僅周旋在今日、明日的瑣事中。所以，應該多利用空間來計劃以後的方向。

【經濟】　O型兔年生的人，生性踏實苦幹，少有窮途末路的窘境。特別是從青年過渡到中年這段時期，大都經濟富裕。

然而這時期的錢財運用方法，往往決定了你一生的成敗與否。

【健康】　從外表看，相當活潑健康，但實際上，身體很虛弱，尤其是心理方面的不健全，常導致生理的不協調。

所以，建議你平日應該多訓練自己要有克服萬難的耐力。

O血型

龍年生的人

性格——雖然充滿自信，卻經不起打擊

O型龍年生的人，大都好勝心極強。不管是學業、工作、遊玩、戀愛等等，樣樣都不願輸給別人，且戰鬥意志高昂。因此，在他們的觀念中，沒有一件事能夠難倒他們，都會在所不辭地勇猛前進，屬於拿破崙雄心萬丈型。

而且，這種人也頗為自負，因此，能按照自己的理想前進，即使中途遇難關，也會盡力去突破的。

然而，這種人一旦顛峰狀態中觸礁，走入下坡時，就會極端脆弱，因此，若想恢復往昔生龍活虎般的雄心壯志，需要相當長的緩衝時間。

O型龍年生的人，做事總是戰戰兢兢，絲毫不敢放鬆心情。但凡事都想盡量表現才能，得到最好的成績，因此，往往稍一受挫，就灰心喪志。

這種人很有人情味，且具有老大哥風範，往往對自己過於自信，而輕視了他人的存在。

人際關係——表現卓越

O型龍年生的人，處在團體中，就好像夜空中明滅閃爍的星星，相當耀眼。且因其辦事能力強，所以，很能獲得他人的信賴。

這種人具領導能力，他人不屑一顧的事情，能寬宏大量的接手去做，在團體中，大都是扮演重要的角色。

一般O型龍年生的人，大都處世欠缺圓滑，或許是因自身得天獨厚，才華過人的關係，故常常無法忍受他人差勁的辦事能力而批評他人。有時，往往因此傷了他人的自尊心而不自知，且無形中得罪了許多人。

如果雙方打開心胸，誠心交往，就可成為知己。但是，一旦氣氛不對，談不合攏時，這種人的自我表現慾，往往予人極惡劣的印象。

另外，當O型龍年生的人一決定做某事時，任誰苦勸，也無法動搖他的心意。所以，很容易和長輩發生衝突。

人生——一旦觸礁，容易掉入無底深淵

在多波折的人生旅途上，O型龍年生的人，做事往往不思前顧後，而任性地執意孤行。所以，成功或失敗有很大的差異。

如果幸運，可能一生輝煌騰達；一旦運氣欠佳，撞上暗礁，就好像掉入無底深淵般，自己很難再爬起來。

不過，在十二生肖中，龍是吉祥的象徵，即使陷入困境中，常能獲得特別的照顧，因此能撥雲見日，踏上人生的康莊大道。

此外，O型龍年生的人，心裡常燃燒著青春火燄，不管年紀多大，都會努力追求幻夢的實現，因而常被人認為思想過於天真。有時這種人會莫名奇妙地放棄一帆風順的事業而改行，一切從頭開始做起。這種不按牌理出牌的行為，往往是他們為追求自己幻夢實現的心理反映。

O型龍年生的人，要相信只有自己才是最可靠的。在團體行動中，要能掌握自己的基本方針，策劃周詳地往前邁進。

機運——容易漠視小機運

O型龍年生的人，似乎得天獨厚，經常好運連連。

但是，這種人往往目標遠大，而忽略了眼前微不足道的小機運，凡事都抱著小機運不足以成就大事業的看法，於是，一些小小改運的機會，便輕易地從指縫中溜走。

其實，不管任何事業的成功，往往是累積小機運，善用小機運的成果。

職業——不喜歡受別人的指使

O型龍年生的人，一般說來，大都不適合當公司裡的小職員。不管什麼職業，都厭惡受人支使，所以，這種人若要按照自己計劃行事，來領導他人的話，唯有獨立創業一途。如果能掌握機運，或許事業會一帆風順。

以男性來說，適合從事土木建築業或者觀光事業；以女性來說，則從事服飾商店或者出版業。另外，在演藝界，或許能有突出的成就。

愛情——熱情的浪漫主義者

O型龍年生的人，對愛情是狂烈激情的，縱使所謂「不可能的愛」也毫不猶豫地交往下去。

在普通友誼的交往態度上是坦承率真的，在戀愛方面的感受性則是非常強烈的，且富於羅曼蒂克。

在現實裡，O型龍年生的人的愛情，可分為兩種；一種是一味地迎合對方，一種是自己儼然王公貴族，要求對方付出一切。

表面看來，似是迥異的兩種類型，實是一樣的，同時，腦子裡充滿著羅曼蒂克的幻想。

有時，這種濃烈的愛，會令對方心存恐懼而退避。總而言之，O型龍年出生者的愛情是衝動型的，不過也富有些幽默感。

婚姻——注重下一代的教育

O型龍年生的人，男性大多有大男人主義，女性則大都精明能幹型的，可以說是個標準的家庭主婦，然而，在生活上卻顯得有點過於干涉丈夫的事業。如果是個職業婦女，在事業上會表現得很突出。

O型龍年生的人，特別重視下一代教育，由於虛榮心重，所以，如果丈夫沒有飛黃騰達的事業、孩子的學業成績欠佳，就常常會有歇斯底里的責備態度出現。

性愛——嬌羞、保守

一般說來，O型龍年生的人，大都不喜歡和異性有纏綿的性關係，而較喜歡在團體中和大家一起嘻笑吵嚷。雖然對愛情非常狂熱激情，然而，對性愛卻沒有多大的興致。

由於O型龍年生的人，生性浪漫，所以，較喜歡寫寫情書或相互傾訴愛語。雖然女性是屬於精明能幹的人，然而結婚後在性愛方面，卻是十分地保守害羞的。

適合你的結婚對象

【屬鼠的人】

鼠年生的他，在人多場合中，大都是沉默型的，不會自己加入喧嘩中，所以，往往你對他不經意的微笑，會讓他很受感動而傾心相對。

【屬牛的人】

牛年出生的他，脾氣暴躁，且行事謹慎。雖然你能確信他對你也有點喜歡，但終究你要失望於他的態度過於冷漠。

比如說你撞到他的身體時，他卻毫無反應，這種沒有表情的態度，使你無意與他繼續交往下去。

【屬虎的人】

虎年生的人，對自己大都充滿自信。一旦喜歡上對方，就會馬上展開追求的攻勢。

因你也是個坦誠率直的人，所以，剛開始交往時，你們會彼此喜歡，但是，兩人的激情，很快就會冷卻，最後終於分手。

【屬兔的人】

屬兔的人，較喜歡平穩無波的愛情生活，而你自我意識較強，行事任性。所以，你若喜歡上兔年生的人，最好多壓抑自己、改善自己，因為你的善變，往往是導致分離的原因。

【屬龍的人】

龍年生的人，予人的第一印象，大都是細心體貼的。然而經過一段時期的交往，會發覺到他高傲且做事莽撞，有時常為一點小事

和你起了爭執。所以，你如果想繼續維持您們的感情，只有多多克制自己，去包容他。

【屬蛇的人】

蛇年生的人，大都充滿神秘的氣息，常令你有種想要去了解他的慾望。然而一旦你了解他之後，會發現到他柔弱的一面，而急欲要離開他。

【屬馬的人】

馬年生的人，大都善變。戀愛時，還能接受你的感情，然而很快就會聽到他移情別戀的消息。由於他的感情不忠，因此，你們之間的戀情，終究脫離不了分手的命運。

【屬羊的人】

羊年生的人，為人安分守己，不是隨便製造動亂的人。所以，

一旦你們的感情遭到外來的阻撓時，絕不會有私奔、離家出走的情形發生。

這種喜歡安穩的人，或許你會感到不滿。因此，最好還是考慮選擇一位富於男性氣概的人，較為適合。

【屬猴的人】

猴年生的他，常將你捧為女王，且不斷地逗你開心。見面時不是手捧著玫瑰花便是拿著小禮物，講的全是你喜歡聽的話，不曾做出令你厭煩的事。

所以，你會慢慢地喜歡他。

【屬雞的人】

雞年生的人，大都口才極佳，並具說服力，你常常在不知不覺間被他的談話所吸引，且因而對他著迷，並無時無刻地想念著他。

有時為了想和他在一起，而做出令周遭的人訝異的舉動。

【屬狗的人】

你豪放、浪漫的性情，特別喜歡狗年生的人做事認真、負責且講義氣的態度。但是，你會因無法抓到他的心，而苦惱不已。以致於不是在電話裡和他支吾了半天，講不出個所以然來，就是在他家門前徘徊良久、躊躇不決。終究不會有什麼結果的。

【屬豬的人】

豬年生的他，無法領會你的熱情。有時候你很直接地向他表明，他卻茫然無所知似的。他的不解風情，常令你感到自尊心受損，最後你只好接受別的男孩的感情了。

如何表現你的魅力

不必特意表現O型龍年出生者的魅力，就能在平常的一舉一動間，自然的流露出動感的野性美，且令人砰然心動的氣質。

欲使魅力更臻完美，就要多磨練自己的說話技巧。在他人面前，不要滔滔不絕地發表自己的高見，因為這樣只有徒增他人對你的惡感了。

漂亮的說話技巧，首先便是學習如何傾聽別人的談話，且保持優雅端莊的態度，如此才能使自己廣得人緣。

選擇適合你的對象

精力旺盛、做事積極的你，往往流於莽撞。所以，A型兔年生或羊年生的人，性情溫和穩重，正好可以彌補你的缺點。另外，做事有時粗心大意的你，若能有個謙和、細心的伴侶來襯托，那就更好了。

當然，做任何事情都能盡可能地設身處地為別人設想，本著「己所不欲，勿施於人」的基準來處事，相信定能找到更理想的對象。

給你的建議

【學業】 O型龍年生的人，在這方面的問題點，便是無法衝破難關。平常很專心於學業，但有時成績稍一退步，便垂頭喪氣，失去鬥志。所以，這種人最好是不要只重視結果，要注重的是自己有無踏實地努力。

【事業】 在工作上的成就，往往是與周圍的人同心協力才會有結果。所以，不可貶低他人或清楚地劃分階層，應學習如何以謙恭溫和的態度處事，才是事業成功的關鍵。

【經濟】 總認為儲蓄是件微不足道的事情，所以常為了金錢的事，給家人或者朋友添了許多無謂的麻煩。不過，這種人大都得天獨厚，財運通達，少有窮途末路的窘境。為了將來的前途，最好還是慎重一點比較好。

【健康】 由於精力過於旺盛，常會有意外的傷痛發生。尤其是關節、腰、腳等部位的酸痛。另外，呼吸器官、循環系統，比常人功能還好，少有疾病發生。

O血型

蛇年生的人

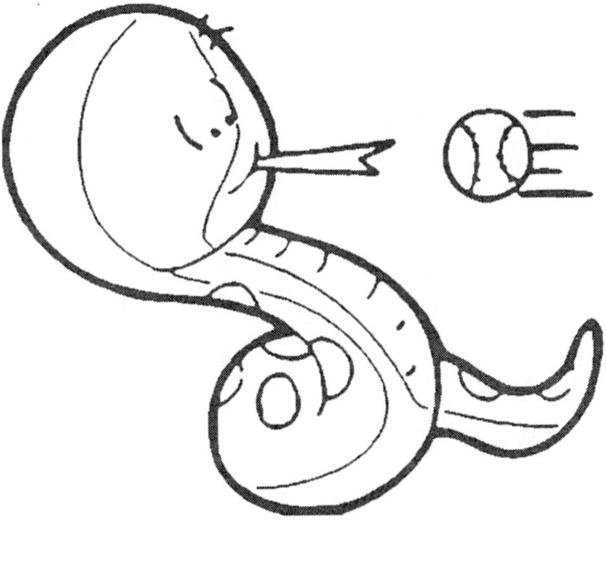

性格——不易與周遭的人相處

O型蛇年生的人，行為較為神秘，不是個容易親近的人。這種人天生感受性以及知性很強，對別人也都有著善意的關懷，但就是與周圍的人顯得格格不入，似乎是很難相處的人。

這種隔閡感，是因O型蛇年生的人，特有的自尊心所產生出來的。其表面上態度雖然謙恭且有禮貌，然而，實際上卻是個不願服輸的頑固者。

這種人對自己的能力、智慧也充滿自信，雖不怎麼引人注意，但做任何事情，都能夠發揮所長。

O型蛇年生的人，不會炫耀自己的才能，而是暗自砥礪自己，並按照計劃，一步一步地前進。

但是，這種人很容易引起別人反感，而被認為是裝模作樣的人或驕傲狂妄者，且其心有如海底針，令人難以捉摸。

人際關係——是個能以成熟的態度交往的人

表面上，其人際關係極為圓滑且禮貌周到，而予人相當成熟的感覺，但內心裡是否能推心置腹地交往，實在有待探討。

儘管O型蛇年生的人，其人際關係是成熟又圓滑。但其交往態度，總令人感到不實在，沒有誠心。而且他對事情不會百分之百的表露自己，說他慎重或多疑，還不如說這種人為了要固守自己的領域，而隱藏自己的能力。

此外，O型蛇年生的人，大都具有敏銳的觀察力，對於初識的人，一眼便能看穿對方的性格與想法。也就是說，這種人無須跟他人多交談，便可和他人順利交往。不過，這種敏銳的觀察力，有時也會產生反效果，而予人冷漠的印象。

人生——成功的背後往往是永不懈怠的努力

O型蛇年生的人，做事計劃周詳且踏實，大都能過著平穩無波的生活。的確，這種人能力大都不錯，且財運亨通，常有一夜致富的情形。所以，在他人的眼光中，O型蛇年生的人一切成就，好像都是不費吹灰之力便能獲致的。

實際上，在成功果實的背後，往往擁有其心酸的一面。這種人對任何事情都付出相當大的耐心和克制力，縱使是微不足道的芝麻小事，也是盡心盡力的。

但是，O型蛇年生的人，是個典型的形式主義者，儘管私底下多麼辛苦地耕耘，在他人面前仍是一副若無其事的樣子。

這種深藏不露、默默埋頭苦幹的處事態度，往往引起他人的錯覺而招來他人的反感與嫉妬。

同時，這種人本身的嫉妬心和自尊心也很強烈，凡是不願服輸的心理，便是他力爭上游的原動力。

機運——往往獨占機會

蛇年生的人特有的好運，再加上富於挑戰意味的O型人特質，使得O型蛇年生的人，往往輕而易舉地便能掌握住良機。當然，成功的背後自是永不懈怠的努力。

這僅是說明，此種人比起他人，更能掌握住機運。

但是，O型蛇年生的人，往往獨占先機，夢想以一己的力量，來創造飛黃騰達的事業，但缺乏合作精神往往容易失敗。

職業——擔任服裝設計師或音樂家都很適合

一般說來，O型蛇年生的人，大都有過人的才華與耐力。所以，無論是在他人公司服務，或者獨自創業，都自有其突出的表現。

另外，這種人往往具有強烈的感受性以及特殊的審美觀，所以，若從事服裝方面的設計或者往音樂方面發展，都是適合的工作方向。

同時，在十二生肖中，蛇年生的人往往得天獨厚，容貌姿態過人。所以，若當電影明星或者當模特兒，都會很受歡迎。

但不管從事何種行業，要能與他人互相協調和合，才是事業成功的關鍵。

愛情——愛得深且專一，無法容忍對方的負心

O型蛇年生的人，愛情方面的最大特點，便是獨占慾很強。愛得深且狂烈，同時也希望對方回報自己，絕不容許對方感情方面有所偏差。

一般而言，沒有人的愛情能像O型蛇年生的人那麼地執著、專情。不過，一旦兩人之間的感情，有第三者介入時，這種人便會由愛生恨，永遠也不會原諒對方。

此外，O型蛇年生的人，很能獲得異性的青睞，因其富於神秘的特質，往往容易引發異性的好奇心，然而，這種人卻不容易被誘惑而動心。

婚姻——平穩寧靜、伉儷情深

一般說來，O型蛇年生的人，其婚姻生活，大都平穩寧靜，伉儷情深。選擇伴侶的時候，大都經過精挑細選，所以，一旦結了婚，常能全新全意地善待對方。

然而一旦對方有越軌的行為，夫婦間就會發生爭吵，終而仳離。

性愛——性感的代表

O型蛇年生的人，大都擁有誘人的魅力。從不識愁滋味的少年時期，更有令人意亂情迷的魅力散發出來。

過了青春期，由於更加成熟，且與異性交往機會增多，所以，這種人往往在年輕時代就有初次的性經驗。

雖然如此，O型蛇年生的人與異性交往，大都感情專注，不會見異思遷，喜新厭舊。

適合你的結婚對象

【屬鼠的人】

鼠年生的人，善於交際，然在異性面前則另當別論。由於自尊

心強，絕不會先向對方表示愛意。處世積極大方的你，在他面前，往往變得木訥寡言。

這樣的兩個人，只能成為普通朋友，欲有進一步的交往，恐怕也很難。

【屬牛的人】

你外表雖華麗，然做事踏實專注。這樣的性格與牛年生的人處世認真負責的他，可以說是很理想的一對。或許你會覺得他不懂情趣生活，有點呆板，但他絕不會違背你而移情別戀。

因此，不妨跟他愛情長跑，慢慢地走向地毯的那一端。

【屬虎的人】

虎年生的人，大都情感不穩，忽冷忽熱的。你們彼此間，雖然能共享濃情蜜意中，但一旦冷卻下來，愛情便消逝得無影無蹤，就好像撥出去的水般，再也無法收回。

所以，最好還是保持淡淡的君子之交為宜。

【屬兔的人】

尚且不論你的神秘氣息是否能吸引所有的異性，但是，至少兔年生的他，絕不會向你表示愛意，因為處世慎重的他，所喜歡的對象不是你這種類型的人。

【屬龍的人】

龍年生的人，大都自我意識很強。戀愛時，這種傾向更加明顯。

一旦他認為已經抓住你的心，態度就會變得蠻橫、專制，常常導致兩人間的氣氛尷尬萬分。

【屬蛇的人】

雖然你和他的性格相似，但彼此的想法不太能互相了解。有時

你覺得同是蛇年生的他，明明愛著自己，但卻相待如陌路人。因此，常常令你感到矛盾，苦惱不已。

【屬馬的人】

馬年生的他，生性率直，往往會把你們之間的戀情，毫無保留地告訴他人，因此，你和他會有點不合。

因為你認為彼此的愛情，只要兩人共同享受愛情世界的甜美，才是最重要的。

【屬羊的人】

對於羊年生的他，不管你多麼地愛他，他都會認為那是理所當然的。

你期望他能回報你濃烈的愛情，然而他卻無所知的樣子，這令你有種不被重視的失落感。

【屬猴的人】

猴年生的他，社交手腕高明，且善解人意，跟任何人都能很快打成一片。所以，在要與猴年生的他交往時，若不克制你的獨占慾望，就很容易發生摩擦，終至分手。

猴年生的人，不喜歡被人控制。

【屬雞的人】

雞年生的他，會盡力討你歡心，令你心裡感到溫暖舒適，然而，他卻拙於表達愛意，常常一想到要向你表示時，便不知所措。

所以，最好你能大方一點引導他。

【屬狗的人】

對你來說，狗年生的他，是個不解風情的木頭人，儘管你一再地對他表示好感，他都好像視若無睹般地毫不在意。

實際上，他也沒有女朋友，但就是對女孩的示愛一點也不感興趣似地不予理會。

【屬豬的人】

欲與豬年生的他交往，先決條件是依序漸進，不可太衝動。如果你一開始就熱情洋溢地對待他，會使他心生恐懼，兩人的感情便無法順利進展。

最好先以普通朋友的態度交往，而後慢慢進展，當彼此熟悉了之後，且感情有所轉變時，自然你就能享受他穩重且可靠的愛情。

如何表現你的魅力

氣質優雅是你最大的優點，而且有時你也會散發著天真浪漫，又帶著成熟的氣息。所以，展現魅力的竅門，便是盡量表現成熟的一面。

譬如穿著高貴優雅的服裝，再把臉上的粧化濃一點，便可收到不同凡響的效果。但是，如果做得太過分，往往易招致同性的反感而受到排斥。所以，最好還是不忘展現自己自然率直的一面。

選擇適合你的對象

O型蛇年生的人，不管做任何事情，都能發揮常人以上的能力。所以，選擇伴侶的時候，最好先考慮一下自己以後去向的問題，再作抉擇。

或許O型蛇年生的人過於時髦，因此，常常是孤單地一個人。在這種情況下，A型羊年生的人，常能給予O型蛇年生的人精神上的支助。

此外，B型虎年生的人，性情開朗率直，或許也有助於你人格的發展。

給你的建議

【學業】　在知的能力方面，或者耐力方面，O型蛇年生的人，都無可挑剔。不論文、理科，都能有突出的表現。

但千萬不要因此就心滿意足，應該把眼光往遠處看，努力不懈才是。

【事業】　在工作上，往往能發揮常人以上的能力，所以，事業大都一帆風順。唯一最大的缺點便是好大喜功，喜歡獨嘗甜頭，往往因而喪失威望；對這一點，最好多加留意。

【經濟】　O型蛇年生的人，經濟頭腦發達，善於精打細算，在錢財收入方面，很少有糾紛發生。

然而，若能經常濟助親朋好友，發揮互助心，那麼錢財就顯得更有意義了。

【健康】　O型蛇年生的人，生性踏實苦幹，很少發怨言。

由於只一味地默默耕耘，因此會有壓抑自己的傾向，所以，最好多留意一下精神方面的問題，閒暇時不妨多參加團體活動，調劑一下身心。

O血型

馬年生的人

性格——活潑、開朗

O型馬年生的人，其個性宛如向日葵般敞開地向著陽光，永遠都看不到陰影。這種人個性開朗，喜歡熱鬧，無法安靜下來。而且這種人在做事時，大都衝動魯莽，毫不思前顧後，不管碰到何種人、何種場合，都毫無膽怯畏縮的神情。

此外，這種人大都耐不住寂寞，平常不是呼朋喚友地出遊，再不然就是電話談個沒完，往往令他人覺得是個聒噪不休的傢伙。

還有，從服裝和用錢方面，可以感覺出O型馬年生的人相當闊氣慷慨，崇尚奢華。在賭場上出手大方，縱使把銀行裡的存款全部提出來，也在所不惜。

人際關係——流於輕浮

O型馬年生的人，交遊廣泛，對於初識的人，也很容易打成一片。不管是在學校、工作場所，或者是居處附近，都有趣味相投的同伴，反正到處都有朋友，而且關係微妙。

在他人眼光中，或許認為O型馬年生的人，個性率直，平易近人，與他往來，無須顧慮太多，可以坦誠相交。

然而這種人的交往態度，往往僅是表面上的熱絡。當然，交遊越廣泛，態度越是流於表面的形式化，這原是無可避免的事。

不過，話說回來，O型馬年生的人本質亦是不希望與人深入交往，喜歡隨心所欲，為所欲為，討厭被束縛。

這種處世態度，往往很自然的傳達給對方，於是人際關係流於浮氾，且不切實際，也是理所當然。

人生——面臨困難，就畏縮退卻

O型馬年生的人，生性喜愛擺派頭，虛榮心重。譬如：和朋友一道進餐館共餐時，桌上一定都是昂貴的料理，而且結帳時又堅持付錢。

從好的方面來說，這種人是過著清高雅緻，不重視金錢的生活。然而，實質上這種人生活沒有計劃，過著不合身份地位的奢華生活。因為在金錢方面，不懂得開源節流，所以，常給親友們添加許多無謂的麻煩。

這種人性格雖樂觀、開朗，然而一遇到挫折，就會灰心喪志，變得較為懦弱。縱使生活陷入困境，也不願意改變生活形態，重整散漫的步調。

不過，O型馬年生的人自有其可取的一面，有時於困境中，也將得貴人相助，而東山再起，事業終而一帆風順。

除了金錢以外，感情方面也會露出這種缺點。例如：一旦陷入情網，便無法自拔。所以，一旦遇上品格不良的異性，往往須付出相當大的代價。而且這種人也很容易沉迷於酒、賭之中，形成人格的一大障礙。

機運——尋求一個踏實穩健的人生最重要

O型馬年生的人，若欲掌握各種機運，須先從反省改進日常生活的態度做起。如果繼續以往的生活態度，隨心所欲地為所欲為，就永遠也不會有好機運。

另外，必須學習腳踏實地的處世態度，不可好高騖遠，一切計劃要切合實際。

因此，最好在日常生活裡訂定基本方針，而後按照計劃，逐步向前邁進。同時要注意的是，選擇腳踏實地的朋友，也是很重要的。

職業——適合演藝界或大衆傳播界

O型馬年生的人，喜歡在富麗豪華的場面中，自己宛如彩蝶般，到處飛來飛去，所以，這種人最適合從事引人注目的行業。

反之，若從事坐辦公桌，需要耐心的工作，比較不適合。

因此，若從事新聞記者、電視演員、攝影師，或者導遊等等與大眾接觸的工作，大都會有傑出的表現。總之，穩重踏實的處世態度才是事業成功的關鍵。

愛情——不但專精而且熱情洋溢

O型馬年出生者的愛情是直線式的，專精而且熱情洋溢，不會耍任何花招，並能善待對方。喜歡光明正大地交往，也喜愛團體活動的喧鬧，因此，縱使約會也喜歡在大眾場所、海岸公園等明朗的地方。

某些對愛情需求較多的人來說，或許會覺得這種人不懂情趣。

此外，O型馬年生的人，討厭被束縛，十分崇尚自由。同樣地，他也能給予對方相當的自由。譬如：戀人可與別的異性去看電影等小事，他也會尊重對方，而不去過分干涉。

萬一雙方面臨分手的悲劇時，這種人的態度，都很乾脆，絕不會藕斷絲連地糾纏著對方。但是O型馬年生的人，也是個善變者，容易移情別戀。有時，熱烈專注的愛，也會莫名奇妙冷卻。

婚姻——不喜歡彼此束縛

不管男女，O型馬年生的人，都不適合過家庭生活，且不喜歡侷限在狹小的天地中。縱使是夫妻，也宛如朋友般地相敬如賓，從未想要限制對方。

所以，有人因此而認為結婚只是個形式，男女之間只要有愛，那張證書並不是頂重要的。不過，話說回來，這種人一旦有了小孩，大都能進入情況，過一般所謂的夫妻生活。

性愛——拙於親密的性關係

O型馬年生的人，對性愛並不怎麼感興趣。雖然能夠大膽地表達愛意，但在性愛方面卻不怎麼積極。

這種人原本就不善於纏綿悱惻的關係，喜歡坦率光明正大的交往，且當兩人獨處時，氣氛就莫名奇妙地尷尬起來。或許因為如此，O型馬年生的人，與異性交往時，常有還沒進入情況，就已揮手道別的情形。

適合你的結婚對象

【屬鼠的人】

善於交際應對的他，往往令你覺得他知識廣博，談話趣味盎

然。同時，他也不太介意你善變的性格，且處處溫柔體貼。

不過，有時他會把對你的不滿藏在心裡，久而久之，感情就會產生裂痕。所以，最好你能多體諒對方的處境，不可太過於任性，以免導致分手的命運。

【屬牛的人】

不管做什麼，都慢條斯里的他，常令你心急如焚。雖然知道他是個很好的人，但總是無法協調。

處事穩重又謹慎的他，雖然能彌補你慌張冒失的缺點，但若欲與他繼續交往，則必須付出相當大的耐力。

【屬虎的人】

富於男性氣概且熱情洋溢的他，與個性開朗、行動積極的你，是很相稱的一對。然而，他絕無法容忍你的任性與善變，所以，交往時，最好你能留意一下自己的缺點。

【屬兔的人】

話題豐富、談笑風生，且溫柔體貼的他，定能博得你的好感。但是，他凡事冷漠旁觀的態度，令你不敢接近他。

【屬龍的人】

理想遠大、處事果決的他，常令你覺得他有點誇大。且他不理睬你的忠告，往往使你們發生爭吵，因此，如果真想跟他共度一生的話，最好不要太意氣用事。

【屬蛇的人】

說話有內容、趣味，很得人喜愛的他，對於好奇心強的你，定會產生很大的吸引力，你會想進一步了解他。

然而他卻不容易親近，也不輕易表露真心，更不會隨便地與人交往。所以，最好還是和他保持距離比較好。

【屬馬的人】

馬年生的人，僅喜歡和朋友嘻嘻哈哈地鬧在一起，很少會有進一步交往的情形。縱使是情侶關係，分手時，也相當乾脆。所以，與這種人結婚，最好不要給他束縛，應多給他自由。

【屬羊的人】

他的個性溫和，做事謹慎，定能予你穩重可靠的安全感。同時，他也欣賞你處事積極、個性開朗的優點，你們二人互為彌補，可締造幸福美滿的家庭。對於常感到孤單寂寞的你，他那種纖細溫柔的愛情，令你感動不已。

【屬猴的人】

反應靈敏，說話幽默的他，常令周遭洋溢著快樂的氣氛。然而，你往往會覺得他太輕率，說話不太可靠。所以，在相識時最好

保持距離，維持淡淡之交就好了。

【屬雞的人】

雞年生的他，理解力很高，懂得利用各種機會，腦筋不錯。但是，處事往往流於紙上談兵，光說不練很少付諸行動。這一點常令你感到不滿，甚至懷疑他的誠心。

所以，欲和他順利交往，你最好能以積極的態度，促使他的計劃付諸實行。

【屬狗的人】

重視友誼且富於正義感的他，一旦陷入情網，往往能真心對待對方。如果你們是一對戀人，往往能坦誠相交，彼此信賴。

但是，他有時也會感情用事，因此，如果你也任性地為所欲為的話，往往會造成不可收拾的後果。

【屬豬的人】

獨立性強且心性率直的他，或許會博得你的好感。然而，當他事情一決定後，便積極前進的處世態度，往往令你有種喘不過氣來的感覺，但心裡又覺得他是個本性善良的人。

所以，交往時最好堅守你自己的原則。

如何表現你的魅力

你的個性如同陽光般亮麗、活潑，因此，尖端時髦的服飾，對你都很適合。但是你若欲展現女性特有的魅力，最好多穿著高貴的淑女裝。

譬如：在樸素大方的裝扮上，配點亮麗的裝飾品，往往更能襯托出你開朗、撫媚的魅力來。

此外，舉止不可太過於粗魯，因為那種用腳關門的舉動，無論何時也不能擺脫浮躁的形象。

選擇適合你的對象

選擇與你同是生性樂觀、開朗的虎年生的人，或是龍年生的人為玩伴，通常能相處得很融洽，也玩得很愉快。

但在學業、工作方面，就得另當別論了。若選擇蛇年、牛年或者是狗年等性格踏實穩重的人為伴侶，那是再理想不過了。然而最重要的一點，還是在於自己是否積極，決不可三心二意。

給你的建議

【學業】　英語、國語等文科方面，較為拿手，理科則一塌糊塗。所以，最好不要心急，先打穩基礎並持續不斷的努力，才能有豐碩的果實。

【事業】　O型馬年生的人，喜歡新鮮，工作一旦適應和習慣了，就開始厭煩，因此，行事往往半途而廢，毫無成果。

最好多學習沈住氣，埋頭苦幹的耐力。

【經濟】 在十二生肖中，馬年生的人最不善於理財。往往只知開源而不懂得節流。所以，能夠有位善於精打細算的伴侶，幫助你理財，是最理想的了。

【健康】 眼睛、耳朵等部位，容易患結膜炎或者中耳炎等難纏的疾病，故最好多留意。此外，交通事故等意外傷害，也須留心，以免後果不可收拾。

O血型

羊年生的人

性格——行事慎思熟慮

O型羊年生的人，做事慎重穩健。與A型或者AB型羊年生的人比起來，或許多少會顯得有點活躍。在十二生肖裡這種人是較為穩重的類型。

O型羊年生的人，處事很少自作主張。如果是女性，往往是個典型的賢妻良母，不管外在、內在都是柔靜的，而且體貼善感。有時，一看到落葉墜地，便感觸頻生、淚流不止。

這種人討厭與人爭執，總是設身處地的為他人設想，因而常常扮演吃虧的角色。因此，這種人絕少有與他人不合，或遭到排斥的情形。然而由於過度慎重，做事往往缺欠魄力。

有時，心裡著實憤恨不滿，表面上也裝得笑容可掬，由於很少自己主動表明心理感受，因而經常憂鬱終日，最後經常杞人憂天。

個性內向、勞碌操心，便是O型羊年生的人的最大特徵。在別人眼中微不足道的小事，他卻常苦惱終日。

人際關係——禮貌周到，似乎別有用心

O型羊年生的人，人際關係大都很平穩。由於這種人沈穩，且很少把情緒形之於色，所以，很少與他人正面相衝突。

尤其對長輩禮貌周到，所以，在一個團體裡，往往很得人緣。

這種人做事不敢輕舉妄動或擅作主張，但在一些小事情上，卻能克盡職責，處理得盡如人意，也常因而在無意中表現了自己的才華。

此外，O型人特有的陽剛之氣，一旦顯露出來，也會擺出一副老大的模樣。表面上是個溫和穩重的人，其實，內心裡情緒不穩且善變，有時歇斯底里地令周遭的人都大吃一驚。由於生性內向，又常把自己封閉起來，所以，往往令周遭的人認為是個孤僻的怪人。

雖然O型羊年生的人對長輩非常有禮貌，然而對晚輩或者與自己毫不相干的人往往異常冷漠，因此，常常被人認為是表裏不一，心機很深的人。

人生——不會夢想一步登天式的成功

O型羊年生的人，表面上似乎很容易為人所左右，實際上，卻是很能堅守自己原則，腳踏實地往自己目標前進的人。

這種人原本就不相信一躍登天式的成功，所以，不管他人把事情形容得極其美好，也不容易動心上當，做事總是非常慎重。

此外，這種人對朋友、家人都深具戒心。在事業上，越是飛黃騰達，越是處心積慮地要守住自己的財產。

由於自己不信賴他人，所以在順遂的人生旅途上，一到晚年，便顯得有些落寞孤單。說起來這也是由於自己不信賴他人所造成的結果。

同時，這種人不管在課業方面，或是工作方面，都積極進取，且求知慾旺盛，連微不足道的細節都不放過。但是，一旦遇到挫折時，往往意志消沉，而束手無策，甚至因而失卻心理平衡，無法尋求解決的途徑。

機運——開運關鍵就在身旁

O型羊年生的人，心裡無時無刻不渴望改變生活形態，但卻不敢付諸行動，總希望有人引領自己達成願望。

一般說來，這種人很得人緣，並能獲得貴人的扶持而掌握機運，事業也因而發達起來。最好多學習掌握身邊的機運，腳踏實地做，不要好高騖遠或追求不切實際的夢幻，則一定能有幸福美滿的人生。

職業——遇到知人善任的上司就能發揮所長

O型羊年生的人，大都生性聰明、事業順遂。然而，這種人往往很容易受工作場所的氣氛所左右。在現代社會中人情味淡薄，人與人之間不相往來的環境中，會顯得畏縮退卻。所以，最好還是選擇富於人情味的工作環境。

此外，O型羊年生的女性，適合擔任業務助理或秘書的工作，但一定要具備敬業精神。其他像從事打字員、美容師方面的職業，都能有良好的表現。

愛情——像羽毛般輕柔的愛

O型羊年出生者的愛情就好像是羽毛般地輕柔。不過，有時也會有情緒不穩的情形。這種人大都很在意對方的看法，常常會為對方的一點好意，而樂不可支。有時也會因對方稍微冷淡的態度，而鬱鬱寡歡。也常常因感情用事，而忽冷忽熱地為所欲為。

這種人在喜歡的人面前，往往畏畏縮縮，半天說不出一句話來。由於不善於表達自己的感情，故一旦遭到對方的拒絕，便會傷心欲絕。

一旦情侶關係確定後，就變得好像是十年的老夫妻般，照顧得無微不至，有時做得太過分，反而令對方感到厭煩。

此外，O型羊年生的人，一旦付出感情，真心愛著對方，便什麼都不再計較。儘管是多麼不合理的要求，都會自己忍耐下來。這種愛情，與其說是為對方設想的愛，倒不如說是在表示自己「有耐力有度量」的胸懷來得恰當。

婚姻——憧憬幸福美滿的家庭

O型羊年生的人，大都早婚。一般而言，這種人的潛意識裡原本就嚮往溫暖幸福的家庭，並時時刻刻幻想著與所愛的人共築甜蜜小屋，甚至憧憬著自己是個被愛所包圍的幸福妻子。

婚後，O型羊年生的人，也都能相夫教子，是個典型的賢妻良母。除了丈夫外遇這一點以外，對於丈夫其他所有的缺失都能包容。

性愛——厭惡粗魯的性愛

O型羊年生的人，內心就好像深谷裡的清澈溪流般，充滿清新的氣質，善解人意的個性也是這種氣質所流露出來的。

性愛方面也間接地受到這種氣質的影響。雖然在愛情方面有強烈的渴望，但是，對「性」卻沒有多大的興致，尤其討厭粗俗的動作。

適合你的結婚對象

【屬鼠的人】

喜歡溫和沈靜的你，或許會覺得鼠年生的他心浮氣躁而且欠缺穩重，然而，若和他進一步的交往，你會發覺到他的可愛。

【屬牛的人】

牛年生的他，動作緩慢，而你卻希望他能比別人先一步關懷你，以致兩人時生齟齬。所以，兩人感情進展是否順利，完全在於對方能否積極的引導你。

【屬虎的人】

敏感的你，或許會覺得他處事有點霸道，於是希望他能溫柔一

點。但虎年生的他，常大膽地表達自己，又無法接受。所以，最好你對他不要心存畏懼，表現得嬌柔一點，自然能使情感進入軌道。

【屬兔的人】

即使僅是些微的小動作，屬兔的他也能明白你的意思，對心思細密的你而言，再也沒有人能像他一樣，跟你這麼有默契，而且對方亦有同感。有時你不妨聽聽他的夢想。而且交往時，最好雙方都須保持冷靜的頭腦。

【屬龍的人】

你們平日相處得極為融洽的，但若有摩擦時，不管由誰先發牢騷，都會傷害對方。

所以，有時候最好不忘以姊弟關係的態度來相處，那麼爭吵雖然心裡會難過，但很快就會好轉。

【屬蛇的人】

充滿神秘氣息的他，和純樸的你，能否彼此協調得來，尚且值得懷疑。

對於急欲探究他本性的你，或許最後會感到精疲力盡，而且他生性愛慕虛榮，所以，你們最好還是保持距離比較好。

【屬馬的人】

對於多愁善感的你而言，馬年生的他，生性樂觀、開朗，是個理想的伴侶。雖然他那種不在乎別人眼光的大膽求婚方式，會令你感到退卻，但他坦誠率直的本性，確實是個可以託付終身的人。

【屬羊的人】

兩人同是很有感性的人，如果有相同的興趣，如看電影、聽音樂等，就能相處愉快。然而如果嗜好不同，往往不歡而散。所以，

最好還是多製造談話機會，彼此多進行溝通。

【屬猴的人】

猴年生的他，腦筋靈活，精明能幹，是個善於處事的人。所以，對於樸實的你而言，他和你宛如是不同世界的人。

若他所做的每件事情，都令你不悅的話，那麼，你們的感情早晚會破裂。所以，最好還是放寬心胸包容他，才能相處愉快。

【屬雞的人】

不管對象是誰，他心裡一有不滿，馬上毫不隱滿地表現出來。對於生性如此的他，或許你會心生恐懼。

如果你沒耐心聽他抱怨的話，你們的關係定會面臨破碎的地步。

【屬狗的人】

富有人情味，且做事重義氣的他，在男人的世界裏還好。但對你而言，這或許會令你感到有些為難。然而，他有時亦會表現出儒弱的一面，若你偶爾舉止誇大一點，對他或許是一種刺激。

【屬豬的人】

豬年生的他，樸實又不善處事，但做事認真負責，是個可信賴的人。或許你非常欣賞他，而盡心盡力地照顧他。

其實，你們也是很相配的一對，但是，最好你不可太過分照顧他，以免剝奪了他的自由。

如何表現你的魅力

你是個很有女人味的人，氣質溫柔恬靜。不管何時，都是個忠實的聽眾，很少會發表自己的意見。像這樣的你，對男性很有吸引力。

你最大的優點，便是不會造作，所以，在男性面前時，最好儘量表現得自然一點，縱使不善辭令，也能自然而然地顯現出你的魅力來。看到忙得昏頭轉向的男性，不妨主動探問有否需要幫忙之處。

選擇適合你的對象

心機多、善於處世的人，對你或許較不合適。聰明的你，應該選擇坦誠率直的對象。處世過於深思熟慮的人，對你來說，也不是個理想的對象。由於你比較多愁善感，因此，最好選擇個性坦率、開朗的人，才能互為彌補。

戀愛時，O型羊年生的你，應該選擇溫柔體貼的兔年出生的男性。但是結婚對象，最好選擇誠實可靠的豬年生的男性。

以男性的立場來說，若選擇馬年生的女性為伴侶，定能共渡愉快充實的人生。

給你的建議

【學業】　O型羊年生的人，凡事愛鑽牛角尖，在國文、歷史等文科方面，較能發揮所長。

但是，對於不感興趣的科目，常常不加思索地完全放棄。所以，最好還是多訓練自己的耐性與接受挑戰的鬥志。

【事業】 O型羊年生的人，工作態度認真，因此，大都能獲得同事們的信賴。然而在工作閒暇之餘，最好養成平易近人之風，多和同事們聊天，以建立良好的人際關係。

由於你負責的工作態度，故能獲得上司的信賴，因而得到升職或擔當大任的機會。

【經濟】 O型羊年生的人，不會隨便浪費金錢，懂得節儉之道，常在不知不覺中貯存許多財富。但是，無論如何錢財畢竟是身外之物，因此，最好不要吝嗇得變成守財奴。

【健康】 O型羊年生的人，做事過於敏感神經質，所以，最容易患上胃病以及過敏症。故最好不要把自己關在房間裡，而應多到外面活動筋骨，跑步、跳舞都行，享受一下晴空下陽光照耀的喜悅。

O血型

猴年生的人

性格——腦筋靈活，爲人和藹

O型猴年生的人，腦筋靈活、反應快，是個蠻有才氣的人。好奇心、求知慾都相當旺盛，一經決定的事情，馬上便著手進行，而且懂得靈活運用，所以，這種人大都比別人早成功。

在人際關係方面，善於交際應酬，不管任何人，都可以很快地與之打成一片，而且，很快就能洞悉他人性格和特徵，同時，也喜歡廣結人緣，聚集衆多性格或人生觀不同的人。但是，這種高明的交際方式，若有疏忽，就流於輕率。

不過，坦白地說，O型猴年生的人，由於交遊廣闊，且跟任何人都能相處得來，故往往在不知不覺中無法堅守自己的原則，於是人與人的交際應酬，最後變成是表面的寒暄而已。

此外，O型猴年生的人，也是個出了名的冒失鬼。不是把傘放在公車上忘了拿，就是忘了對方姓名。其實，這也是他可愛的地方。

反之，對於處事謹慎穩重的人，也許會覺得這種人有點不穩重。

人際關係——喜歡與人交往

O型猴年生的人，交遊廣闊、善於辭令，常能使談話氣氛融洽愉快；而且話題豐富、措辭巧妙，往往令周遭的人陶醉其中。

當然，這種人的四周圍繞了許多人，而且人越多越有精神，常常是人群中最受歡迎的人。

然而儘管O型猴年生的人，在團體中最得人緣，卻很少成為群體的首領，主要是因為這種人生性愛玩，缺乏耐心。在同樂會上常能得到掌聲，成為眾人崇拜的偶像，但在學業、工作上卻常掉以輕心，而且毫不在乎。

一般說來，O型猴年生的人，均能夠設身處地的為別人著想，但卻不善於表達出來，因而令對方覺得是在奉承。

這種人生性樂觀，縱使遭遇挫折，也能很快地開朗起來。

人生——順利圓滿

O型猴年生的人，大都是處世能手，且其一生圓滿順暢。因其感覺敏銳，且經常能夠做正確的判斷，適時推出應變良策，所以，處事絕少有落後別人的情形。無論是課業或工作上，領悟力都是高人一等的。這種人往往從小就顯露出特殊的才能，而被喚為「神童」。

但是，這種人可說是屬於「小時了了，大未必佳」的類型。雖然其領悟力高、學習能力強，可惜由於缺乏耐心，而且生性愛玩，所以，即使起跑時比別人超前一步，可是在不知不覺中間被人迎頭趕上時，只好望塵莫及了。

若以「兔子和烏龜賽跑」的寓言來比喻的話，O型猴年生的人，常是最典型的兔子角色。真是聰明有餘，努力不足。

人家說成功的要訣是：運氣、毅力和苦幹的精神。猴年生的人，可說是欠缺了毅力和精神。雖然外表看起來堂皇富麗，可是卻難成大器。嚴格說來，這種人眼光看得不遠，也許可以說是「今朝有酒，今朝醉」這種類型的人。

機運——觸角敏銳

O型猴年生的人，反應快，且能見機行事，當他人尚在猶豫不決的時候，便能看清利害關係而捷足先登。或許是生活圈廣，消息靈通的緣故吧！不過，這種人最好重質不要重量，把握最有用的部份。

職業——不管什麼工作都講究效率

O型猴年生的人，做事能抓住重點且講求效率。由於自己辦事能力高，最好能朝著自己的本性發展，尋找最適合的職業。

處於現今資訊情報的時代，O型猴年生的人可以說是供不應求，且都能很稱職。像擔任新聞記者、播報員、演藝圈的採訪記者等等，都能發揮才能。但是，最重要的一點便是堅守自己的原則，免得厭倦於社會激烈的競爭。

愛情——認爲愛情即是遊戲

Ｏ型猴年生的人，大都認為愛情是一種遊戲，除了盡情享樂外，別無他途。所以，這種人常被認為是遊手好閒的人。但這種人不會隨便干擾異性或引人注意，只是順應自己對愛情的態度，放浪形骸。

Ｏ型猴年生的人，是個典型的及時行樂主義者，在考慮選擇將來的伴侶之前，往往抱著遊戲人間，及時享受戀愛樂趣的想法。

然而戀愛的樂趣，只不過是瞬間的事，無法持久。因此不管多麼熱烈的戀情，都會有平淡下來的時刻，這一點，Ｏ型猴年生的人最為受不了。

若是一般人，或許認為當戀愛的熱度平淡下來時，便可在彼此寧靜的心中，建立更深厚的友誼關係。但是，對Ｏ型猴年生的人而言，熱烈的戀情一旦冷卻，情侶關係就隨即結束。就好像孩童的遊戲般，當一個遊戲玩膩了，就會重新去尋找另一個新鮮的遊戲。

婚姻——似朋友般的夫妻關係

O型猴年生的人，一般說來，不適合結婚。雖然這種人不是積極的獨身主義者，卻無法忍受婚姻所加諸身上的種種束縛。

對這種人而言，雖然覺得寂寞，然而自由價更高，他若侷限在一個小天地裡，就宛如魚缸中的金魚，令他感到苦悶萬分。

所以，一旦結婚，夫妻間最好相敬如賓，不要彼此束縛。

性愛——技巧高明

O型猴年生的人，做愛時不但技巧高明，還能把獲得的性知識，全部應用出來。所以，往往易使人認為此人特別偏好此道。然而，實際上並不是這樣。

這種人對於愛情抱著遊戲般的心理，同樣地，性愛也是如此。有時候這種傾向在女性方面也很強烈，往往在開始時，就坦率的表明出來了。

適合你的結婚對象

【屬鼠的人】

鼠年生的他，不但腦筋反應靈活，而且言談機智風趣，你定會很喜歡跟他在一起。但他有時會顯出落寞寡歡的神情，所以，你最好能以開朗的心情與他相處。

【屬牛的人】

牛年生的他，做事慢吞吞且反應遲鈍，常令你著急。另外，他處事一點也不乾脆的態度，也令你無法接受。對於不愉快的事情，他卻一再嘀咕個沒完，所以，你們早晚都有可能引起爭吵。

【屬虎的人】

你們同是個性開朗，做事乾脆的人，一旦有共同的話題定能談

得很融洽。不過他的男性沙文主義意識強烈，你若以平常的態度與他相處，一旦觀點不同時，你定會加以反駁，以致引起他的不悅，所以，你最好能稍微克制一下自己。

【屬兔的人】

個性拘謹的他，雖然很欣賞你做事積極的態度，但總感到兩人之間格格不入。若想和他交往，起先要彼此溝通，雖然很費勁，但是，若能多傾聽他的談話會更好。

【屬龍的人】

凡事喜歡搶先的你，畢竟是個女孩，因此，有時也希望熱情洋溢的白馬王子追求你。龍年生的他，正好可以滿足你這方面的需求，而且是個理想的對象。

他懷有遠大的目標，常令你陶醉其中，而興起助他實現理想的慾望。

【屬蛇的人】

縱使你談話真誠坦率，但蛇年生的他，仍是以懷疑的眼光看著你，令你感到難為情，以致說不出話來。所以，在你們還沒有進一步交往之前，一切最好盡量保持輕鬆自然。

【屬馬的人】

雖然你們同是性格開朗的人，然而他卻沒有你的機智，但在交談和行動上，他都比你直率。

有時他不經意說些褻猥的話題，會令你感到尷尬萬分，久而久之，說不定你會覺得他是個粗俗的男子。

【屬羊的人】

對善於交際的你來說，或許生性樸實的他，會令你感到不滿。

然而，他並不是如你所想像的那樣不通情理，你不妨嘗試引導他，

或許你們能夠因此建立厚實的感情基礎。

【屬猴的人】

同生肖的男女之間，往往彼此會在對方身上看到自己的影子，因而交往到最後，常莫名奇妙地分手。且猴年生的他，交遊廣闊，獨幟一格的作風，往往令你覺得他太輕率。所以，交往時最好不要盡鑽兩人相似處，而應多往相異點去探討。

【屬雞的人】

若你們兩個同是演員的話，一定會爭著演主角，然而主角只需一個，更何況你們相似之處甚多，表現慾強，因此，若希望兩人交往順利，最好你能稍微退讓一步，當個配角，才是明智之舉。

【屬狗的人】

他過於老實的人生態度，或許你會很不以為然；且善於口才的你，或許常令他感到窘迫。

不過，話說回來，你大膽果決的談話態度，卻對他膽怯害羞的作風非常欣賞。所以，最好能夠稍微研究一下彼此交往的方法。

【屬豬的人】

當豬年生的他熱衷一件事情時，常忘我似地全身投入。有時你興高采烈的對他說話時，他卻一副心不在焉的樣子，常令你大失所望，況且這種情形不止一、兩次。所以，你最好能多體諒他，免得不歡而散。

如何表現你的魅力

性格開朗樂觀，是你最大的本錢。不管多麼沈悶的場合，只要你一出現，氣氛馬上會轉變。談話富於機智，且生性活潑開朗、喜好交際，是你的特性。說起來，你是個懂得快樂人生的人，所以，偶爾不妨也把快樂的氣息傳給別人，譬如看到垂頭喪氣的人，不妨鼓起勇氣，勉勵他人，或許能因此而收到意外的驚喜。

選擇適合你的對象

坦白地說，你是個處事無法專注的人，所以，尋找伴侶時，最好選擇能體諒你的缺點的伴侶，才是理想對象。

鼠年生的人，反應敏捷，無須你多做說明，便可提供你諸多建議，是個理想對象。戀愛時，龍年生的人，熱情洋溢，具有白馬王子的作風，很能夠引導你。

如果是選擇女性伴侶，最好是個性樸實，或者屬忠實聽眾型的。當然，同年齡的或是比自己稍年長的人，都是很好的對象。

給你的建議

【學業】 善於辭令的O型猴年生的人，在英文會話或是作文方面下點功夫，便可在短期內有突出的成績，然而並不是只要關在房裡猛啃書本就可以的，而是找機會與人多交談，彼此切磋。對於較不拿手的學科，也只要稍微改變學習方法，便可趣味盎然。

【事業】　說起來，你並不適合單調的工作，富於變化性質的工作，較能發揮你的才能。只要計劃周全，加上你的周圍盡是人才，定能幫你成就大事。

而唯一的要點，便是你要有勇於負責，堅守崗位的處世態度。

【經濟】　一般說來，O型猴年生的人，大都沒有儲蓄的習慣，手頭充裕的時候，常不會有效運用，反而揮霍無度，然而，這種人一旦上了年紀，卻能獲得意外之財。

【健康】　O型猴年生的人，最好多留意眼睛、耳朵以及鼻子等感官方面的疾病。只要稍一發覺有異樣時，應隨即看醫生，盡量在症狀輕微時把它治療好。你原本就是好動的人，因此，不妨多參加團體活動，像郊遊、打保齡球等等。

O血型

雞年生的人

性格——領悟力強，遇事能夠很快融會貫通

O型雞年生的人，領悟力強，反應靈敏，且遇事能夠很快地融會貫通，巧妙妥善的解決。而且這種人做事從不假手他人，平日心思細密，處事合情合理。

O型雞年生的人，也很了解自己本身的特性，所以，與他人交往接觸時，常能表達自己，並對自己充滿自信。

但是，這種人對事情往往只是紙上談兵，自己的事情，還能付諸實行，要是需和他人合作時，常常只顧發言，而欠缺實踐精神。所以，O型雞年生的人，往往被人公認為是個適合當軍師型的參謀人物。

此外，O型雞年生的人，虛榮心強，常不經意的表現出傲慢的態度。

人際關係——社交能手

O型雞年生的人，大都是交際能手，舉凡政治問題，或是演藝圈瑣事，也都能

講得頭頭是道，不但常識豐富，且在人多的地方，常常顯得格外突出。

或許因為這樣，所以，這種人往往容易看清他人，尤其是對那種拙於言辭，處世態度笨拙的人，常投以不屑的眼光。

由於自尊心強，稍一受到傷害，便激烈反駁，且因為反應過於猛烈，常令人覺得是個陰險狡猾的人。

不管同性、異性，O型雞年生的人總喜歡與時髦的人交往，因為他認為只有這種人才夠資格與自己相配稱。

另外，這種人很會為自己打算，但並不是那種不懷好意，處處斤斤計較的人，而是不管處在任何場合，都能很快權衡得失，抓住對自己最有利的部分，所以，O型雞年生的人，常常予人「處事周詳」的印象。

人生——一心一意想成爲衆人注視的焦點

O型雞年生的人，喜歡豪華富麗，不管在任何場所，都希望自己引人注目。實際上，這種人也確實有過人的智慧與才華，常予人「精明能幹」的印象。

不管氣力、體力，或是機運方面，都比他人優厚，人生旅程也較為亮麗。

然而，O型雞年生的人，有時為了顯示自己的人生璀璨、氣質優雅，而故意矯揉造作。一旦稍微露出破綻，便耍弄各種花招，企圖掩飾，以致於愈弄愈糟，終而弄巧成拙。

有時，一見到好處便想據為己有，缺乏與他人共享的寬大胸懷，因而自己常陷入孤單，嚐盡孤獨的滋味。

O型雞年生的人，雖然天生具有過人的才華與運氣，可是由於喜歡耍弄花招，及心胸狹窄，所以，常導致無法成就大事。在經濟方面，這種人懂得開源節流，很少會有生活拮据的情形。

機運——理想過於高遠

O型雞年生的人，雖具有敏銳的判斷力。卻常因理想過於高遠，而坐失良機。所以，這種人最好要能腳踏實地，而不管機運的大小，都能善加運用。有時與自己毫無相干的機會，卻能引導自己走向成功的坦途。

職業——不喜歡被人僱用或驅使

O型雞年生的人，不喜歡被人驅使，而喜歡自己當老闆，去支配他人。

一般而言，這種人不喜歡寄人籬下，常常渴望自己成為眾人注目的焦點或眾人談論話題的中心。由於生性如此，男性適合當企業家、餐館的經理、政治家、電影監督等等。女性適合在華麗的工作場所上班，譬如服裝設計員、服裝模特兒，或者經營小商店等等。

愛情——追求格調高雅的愛情

在愛情方面，O型雞年生的人，很在乎他人的看法。因此，選擇伴侶的首要條件，總是要求對方樣樣過人。譬如：容貌、能力、家境，都要人人誇讚才行。

而且選好對象後，還希望對方付出真心，並無微不至的侍奉自己，就好像僕人侍奉主人那樣盡心盡力。

但這種情形，除了電影裡才有外，現實生活上實在很難找得到。縱使O型雞年生的人多麼富於魅力，對方是否能夠如願的接受自己的愛，尚是一個問題。如果遭到拒絕，這種人可以很淡然地處之，常常以「對方與自己志趣不合，不是自己的理想中人」來安慰自己。

此外，追求格調高雅，充滿羅曼蒂克情調的愛情，是O型雞年生的人的一大特徵。甚至，他還希望自己的愛情轟轟烈烈地引人注目。

婚姻——幸福與否差別很大

O型雞年生的人，其婚姻的幸福與否，往往為運氣所操縱。

如果僥倖碰到自己理想中的伴侶，便可家庭和樂、幸福美滿。如果運氣不好，婚姻就會失敗。尤其當沒有看清對方，錯估對方的能力而貿然結合時，婚姻生活便是毫無幸福可言。

性愛——表面上好像很在行，實際上則不然

O型雞年生的人，大都富於魅力，且往往能吸引眾多異性的眼光，然而卻不容易付出感情。由於自己理想高遠，因此，跟異性之間很難有進一步的交往。

性愛方面的慾求，由於自尊心極強，不太能放得開，往往比想像的還要生澀笨拙，所以，這種人初次的性經驗，往往是成人以後的事。

適合你的結婚對象

【屬鼠的人】

你們倆人同屬頑固型的人，很容易發生衝突。

身為女性的你，最好抑制自己，來容忍他的任性，如果你也不肯當場認輸賠罪，也應該隔天打個電話給他，向他道歉，免得感情

繼續僵化下去。

【屬牛的人】

牛年生的他，個性比你成熟穩重，而且他能夠接受你的缺點並容忍你的任性。

有時你會覺得他不懂生活情趣，然而你富於機智的談話，卻能彌補他這種缺點。

【屬虎的人】

虎年生的他，做事積極，不喜歡出風頭的女性，對「男主外，女主內」的觀念根深蒂固，如果你態度強硬，高談闊論，且一味地表現自己，定無法和他處得愉快。

【屬兔的人】

兔年生的他，心情好時，或許會靜靜地傾聽你說的話。但也並

不全是如此，有時你冗長無聊的談話，也會引發他的不悅。這時，你牽著他的手，默默地注視著他，或許將令他感動。

【屬龍的人】

個性坦率的他，只要你真心與他交往，感情定然有所進展，而且，不知不覺間你會很欣賞他富於人情味的作風以及領導才能。

【屬蛇的人】

蛇年生的他，風度翩翩，善於辭令，這樣的他，或許就是你心中理想的對象。交往時，你的態度最好誠實坦率，免得他疑神疑鬼，終至不歡而散。

【屬馬的人】

他豪放爽朗的個性，或許會讓你很欣賞，因為你喜歡的是那種舉止瀟脫的人。如果對方兼具儀態端莊、聲音和諧，那麼，感情定

能進展快速，否則，你對他根本不會放在心上。

【屬羊的人】

羊年生的他，多愁善感，跟他在一起，會令你感到氣氛老是不對勁。

他是個心思細密，顧慮周到的人。你若能稍微克制一下自己，多去體會他，定能把陰鬱的氣氛化為晴朗。

【屬猴的人】

猴年生的他，絕不會使場面尷尬，無論何時，他總是個極受歡迎的人。對於這樣的他，你會嫉妒，而更想與他作進一步的交往。但是，你們始終難以融洽地相處。

【屬雞的人】

雞年生的他，交遊廣泛、善於言辭，然而他一切以自我利益為

中心的處事態度，總令你感到不悅，因而時生摩擦，而且對於兩人難得相聚的時光，他的態度卻是異常冷漠。

坦白說來，他並不是你理想的對象。

【屬狗的人】

狗年生的他，富於同情心，個性坦白且無心機。但是，在你的眼裡，對方只不過是個偽善者。

在你認為，人際關係就是各自盤算利害關係的交往，所以對於生性樸實的他，你根本不會與他作進一步交往。

【屬豬的人】

崇尚奢華世界的你，會覺得豬年生的他，過於樸實直率，而感到對方的人生不夠光彩。

但是，以後也許你會為自己的想法感到後悔。因為從豬年生的人的身上可以學到很多人生哲理，甚至改善自己的人際關係。

如何表現你的魅力

你天生對美的感受力就很強，不管是化妝、談話、走路姿態，都能夠巧妙地表現出自己特有的氣質。為了產生更進一步的魅力，你必須多學習體貼別人，並無時無刻設身處地為人設想。

譬如你周圍定有拙於言辭、不善表達自己的人，過去你常忽視他們，以致常使場面氣氛尷尬。往後，你應儘可能地壓抑自己，使周圍的氣氛和諧、融洽。

選擇適合你的對象

一般說來，在工作上能夠認同你的才能，且能讓你自由發揮，也就是屬於經理類型的人。若以十二生肖來說，就是以牛年生的人最為適合。

戀愛時最為理想的對象，是蛇年生的人，因為他瀟灑又性感，與他走在一起，定能吸引無數羨幕的眼光。

結婚時，不妨考慮龍年生的男性，因為他做事積極、專注，你非得跟他配合不行。

總之，你不會欣賞做事拖拉的人。所以，個性明朗積極，又能夠容忍你的任性的人，才是最為理想的對象。

給你的建議

【學業】　你並不是那種猛啃書本的人，然而，成績卻總是在常人之上。尤其是理科方面，常不同凡響。若能在繪畫以及音樂等科目方面下點功夫，或許對將來出路會有幫助。

【事業】　一般說來，O型雞年生的人，大都能發揮自己的才能，然而其最大的缺點，就是易和周圍的人發生衝突。一旦需要他人助自己一臂之力時，常求助無門。所以，最好多提醒自己少與他人發生爭執。

此外，O型雞年生的人，若在工作之外培養其他業餘事業，勉勵自己，定能有所收穫。

【經濟】　O型雞年生的人，縱使有個收入不錯的工作，對金錢仍是精打細算，絕不隨便揮霍。

而且，這種人不管是在交際應酬方面或是工作崗位上，常能獲得他人的經濟支援，很少自掏腰包。所以，有時邀集知心好友，暢飲一番，未必見得就是吃虧。

【健康】　O型雞年生的人，飲食不定量，常暴食暴飲，故最好能多注意胃腸方面的疾病。有時也可利用休閒時間，補足體力。

同時，每天不忘過規律的生活，多做運動，譬如打網球、游泳等的全身運動，定能促進健康。

O血型

狗年生的人

性格——講義氣、重人情

「三日飼養之恩，永生難忘」，狗就是這樣重視忠誠的動物；同樣的，O型狗年生的人，也有講人情義理和明辨是非的特性。

這種人寧願自己吃虧也不願給人添麻煩，而且富正義感，行為端正。對待朋友，則盡心盡力，只要朋友不背叛他，他絕不會為自己的利益，而做出違背道義的事。由於同伴意識強烈，有時對另外的團體採取對立的攻擊態度。

這種人不僅明辨是非，且腦筋靈活，具領導能力，在學校裡常是師長們信賴的優等生。

有時因自己的優越感作祟，而過於勉強自己做不願意做的事，導致身心失去平衡。又有時為了討同學、師長們的歡心，行為舉動會有些趨炎附勢的態度。

這種人情緒不穩定時，有時會對著親近的人大吼大叫，如同歇斯底里地鬧個沒完，常令周遭的人都大吃一驚。

人際關係——對他人盡心盡力

O型狗年生的人，對任何人大都盡心盡力，熱誠地服務，常因此予人極好的印象。尤其對自己所信任的人，感情更甚於親兄弟，當有外來壓力攻擊時，便會不惜生命挺身而出，仗義直言。

但是，當一認定對方是仇人時，往日的善良就不復存在，而代之以激烈攻擊的姿態，特別是對於那些狐假虎威的人，更是義無反顧地猛烈攻擊。

總而言之，O型狗年生的人，喜歡呼朋喚友，因此，為了達成圓滿的人際關係，會不惜犧牲一切。當然，有時不免感到身心疲憊不堪。然而，當所信賴的人背叛了他，就好像世界末日般，久久無法振作起來。

O型狗年生的人，由於過於尊重他人，常會受他人的言行所左右，以致喪失自我，而變得有些懦弱。

人生——嚮往清高正直美滿的生活

O型狗年生的人，大都清高正直，縱使自己吃虧，也不願在人家背後搬弄是非。從小就聽從父母親的教誨，學生時恪遵校規，是個典型的好孩子。這種人是非、禮儀的劃分非常清楚，且中規中矩，很少會誤入歧途。

無論是在學業方面或是工作方面，都能認真練習，保持良好成績。然而在獨立思考創作方面，卻顯得無法勝任。因此，若是處理一般的事務，或是參與他人的計劃，尚能得心應手，但是，一旦面臨自我發揮的情況，往往魄力不夠，以致於O型狗年出生者的成就，大都僅限於小範圍。

此外，這種人不會排斥他人或嫉妒他人的成功，很能夠安於自身所擁有的幸福，並重視與周遭人的溝通協調。

或許這正是O型狗年生的人的可愛之處。但是，這種人一旦陷入困境，會顯得有些膽怯，若要恢復以往的衝勁，必須花很長的一段時間。

機運——不會以聽天由命的態度做事

O型狗年生的人，掌握大好機運的關鍵，是在於自己能否放得開，這種人處事負責認真，不管做什麼總是循規蹈矩，擺脫不掉傳統的束縛。大好機運來臨時，還會猶豫不決，所以常因而坐失良機。

所以，這種人若想成大功立大業，便要拿出勇氣，抱定「若失敗了，要東山再起」的決心，才會有光明的前程。

職業——發揮服務的精神

O型狗年生的人，墨守成規且富正義感，適合從事法官、律師、警察等伸張正義的職業。由於生性勤勞，具奉獻犧牲的服務精神，所以，常能獲得周遭人的推崇擁護。如果自己開家餐館或是咖啡廳，發揮熱誠的服務態度，定能博得好評，使得生意鼎盛。

愛情——奉獻一切

O型狗年生的人對自己所愛的人，忠心不二，就好像獵犬對主人那般的忠誠，可以犧牲自己的一切來善待對方。

這種人對於對方的任性或無理取鬧，都能睜一眼閉一眼默默忍受。宛如傳統戲劇那般，洋溢著古樸的風情。

這種人的愛情觀，只要對方不是外遇、紅杏出牆，則無論對方舉止多麼輕率，他大都能容忍。

由於心胸過於寬大，以至於常令對方懷疑感情的真實性。而且有時縱使是真心相待，O型狗年生的人，往往忽略外在因素以及對方的心理感受，而一味地討好對方，終於令對方感到煩躁而產生厭惡。

所以，這種人如果希望感情進展順利，最好多探討對方的心靈世界和多進行精神層面的溝通。

婚姻——家庭溫暖安定

O型狗年生的人，一旦結了婚，大都能建立溫暖安定的家庭，而且注重孩子與兄弟姐妹間的感情。同時，因家庭觀念濃厚，所以，婆媳、妯娌間的嫌隙，在這種人身上很少發生。然而，由於經常扮演「好丈夫」或「好妻子」的角色，使得身心疲憊不堪。

此外，在養兒育女方面，過於謹慎，而變得有點神經質。所以，O型狗年生的人，有時候不妨走出家庭，跟昔日好友一同出外旅行、聊天，以調劑身心。

性愛——容易滿足

O型狗年生的人，對性愛沒有強烈的需求。當然，也並不是討厭與所愛的人發生親密關係，只是不喜歡以這個為手段，達到娛樂自己或控制對方的目的，寧願追求精神層面的結合，因此，這種人很容易滿足。由於這種人生性喜歡小孩，所以，性愛在其觀念裡，只不過是獲得小孩的方法而已，絕少含有遊戲的意味。

適合你的結婚對象

【屬鼠的人】

鼠年生的他，行動機敏，做事果決，然而或許你會因他的浮躁個性而生厭。你做事一絲不苟，縱使動作緩慢，也能怡然自得。所以，你們之間可能很難相處。

【屬牛的人】

牛年生的他，動作緩慢，不管做什麼事情總是再三考慮，才起而力行。答應他人的事情，自不能這樣老牛拉車似地久久不去做，況且你是個慎思熟慮型的人，一切以他人的事情為優先，因此，對於牛年出生者的處世態度，定會不以為然。

【屬虎的人】

你們彼此很能設身處地為對方設想，感情很少有摩擦，然而，有時不免多慮，而身心疲憊。當他顯出倔強固執的一面時，最好你能夠稍稍退讓，這樣，雙方的感情才能持久。

【屬兔的人】

兔年生的他，風度翩翩，是個很好的青年，而且心思細密又體貼，厭惡與人起爭執，再加上你本來就不喜歡與人有嫌隙，所以你們定能相處愉快。

也許感情進展不會濃情蜜意，但卻能夠保持平穩。

【屬龍的人】

你較懂得人情世故，而龍年生的他，則較愛幻想，不管做什麼，總是想得美侖美奐，全神貫注。所以，與他交往時你最好盡量

不要刺傷他或破壞了他的夢想，應盡力協助他實現理想。

【屬蛇的人】

蛇年生的他，情緒不穩，感情易生波折。有時，根本無法領會他古怪的想法，而你又喜歡追根究底，久而久之，你會覺得他喜歡故弄玄虛，顯得有些不切實際，終至分手而拂袖而去。

【屬馬的人】

馬年生的他，生性開朗活潑，跟他在一起，無須顧忌太多，對於你偶爾的諷刺，大都能笑臉相迎。

或許他喜歡賭博，當他向你訴苦錢財損失時，你不妨半開玩笑地對他說：「能保住老命就不錯了。」

【屬羊的人】

你們之間，由於彼此都過於奉承對方，因而無法真心相待，感

情也無法順利進展。如果你想和他有進一步交往時，不妨嘗試以真情相見，或許對方會因而放開自己與你坦誠相待。

【屬猴的人】

猴年生的他，喜新厭舊，不管做任何事都不會持續太久，對於這樣的他，你會感到很傷腦筋，然而，也不能說他不通情理，也許他喜好追求新鮮事物的性格，正是他開發自己的原動力。

【屬雞的人】

雞年生的他，善於辯論又具說服力。但做事常流於紙上談兵，很少能付諸行動。為了促使他有實踐的精神，你不妨照著他的話確實去做，並誘導他步上常軌，或許他的才力智慧會因而發展出來。

【屬狗的人】

你們兩人都有些食古不化。在一個團體中，如果有一位個性頑固不冥，常會妨礙團體行動，而使事情無法順利進展。因此，如果兩位個性相同者，同時並立，常會鬧得不歡而散。假如兩位必須同行，最好在兩人之間，有個適時出面而調解的中間人。

【屬豬的人】

豬年生的他，往往只顧著向前衝，而忽略了旁人的關懷。有時，你特意為他做的事情，他卻毫無所感。所以，你能否持續不斷地關心他，便是你們感情進展的關鍵。

如何表現你的魅力

白衣藍裙的裝扮，是你喜歡的服飾。清純樸素，當然與你的性格姿態正好吻合，但是，有時未免令人感到過於樸素。所以，偶爾不妨嘗試打扮得華麗一點，讓周遭的人耳目一新。

此外，你處事過於嚴肅的態度，常令人敬而遠之，所以，不妨多學習機智幽默的談話，以增加你的魅力使你更受歡迎。

選擇適合你的對象

處事過於嚴肅的你，最好能夠選擇一位較為外向的伴侶。譬如：猴年出生者的調皮和富幽默感的態度，或者是馬年生的人的樂觀開朗，都能引導自己開創更廣闊的人生。

由於個性過於率直坦白，常常搞得自己心疲力竭。所以，有時不妨改變一下生活形態。而猴年生與馬年生的人，最適合當這潤滑劑角色。猶如在你單調乏味的生活中，適時注入興奮劑，使你生活過得充實快樂。

給你的建議

【學業】 O型狗年生的人，在校能遵守校規，學校課業能預習、複習，無一樣遺漏，學校的考試成績大都不錯。然而，一旦遇到實力測驗時，就不如預期的好。所以，這種人最好多檢討自己的學習態度，以求改進。

【事業】　在工作場所，常常過於在意人際關係的好壞，以致無法充分發揮才能。O型狗年生的人，最好多學習「工作場所即是戰場」的工作態度，捨棄與世無爭的消極態度，要有與對手競爭的意識。

【經濟】　金錢方面，清廉寡慾，厭惡賄賂和賒欠。縱使生活窘迫困頓，也能勉強籌畫過活，絕不向人低頭。所以，O型狗年生的人，若希望經濟富裕，就要多學習金錢的運用方法。

【健康】　O型狗年生的人，體力大都很好，特別是持久力以及耐力方面，任誰也無法與之媲美。然而，在精神方面卻是異常脆弱，或許是長久以來，因壓力的累積，而直接間接地影響了身體的健康。

O血型

豬年生的人

性格——一味地往目標前進

O型豬年生的人，做事總是較為莽撞，且事情一旦決定，便毫不猶豫地勇往直前，性格宛如破竹般地乾脆而直率，不會拘泥於小事情上。而且一旦熱衷某一件事情，便全神貫注，毫不理會他人的建議。

由於生性如此，往往一再犯了別人可避免的錯誤，令周遭的人都覺得驚訝，最後你會一笑置之。

此外，O型豬年生的人，思想單純天真，不會與人斤斤計較，遇到挫折，只有一笑置之，不予理會，好像沒發生過似的。

由於心地善良，對人沒有猜疑，常因而受騙上當。雖然事後知道了，也不會記恨在心。

人際關係——不敢拒絕他人的請求

O型豬年生的人，討厭糾纏不清的人際關係，喜歡豪放開朗的處世態度，最不屑於在背後批評別人或扯人的後腿，心裡有芥蒂時，寧願當面講清楚。

他人一有請託，也不敢拒絕，再怎麼勉強，也會逼自己去做。有時想到現實問題，會大方地要求報酬，並能一五一十地說明要求報酬的理由。

由於心胸寬大，因此，對於他人的負義，不予計較。但是，一旦與對方發生爭吵，往日情誼，便不復存在。

雖不會記恨對方，然分手後，就宛如陌生人一般。

O型豬年生的人，對人印象的好惡，表現極為強烈，且成見頗深，發覺自己的唐突後，會懊惱不已，但卻不會承認是自己的錯誤，有時因而引起他人的反感。

人生——精力充沛，但處事不得要領

O型豬年生的人，不但精力充沛，而且富於挑戰精神，不喜歡借助他人之力創業，寧願單槍匹馬來接受任何考驗。做事總是朝著自己鎖定的目標前進，縱使阻礙重重，亦不為所動。

而這種人也有招集人群、創造組織的才能，在一個企業裡經常是一位精明能幹的領導者，有時則因場合的不同，做事總顯得獨裁專制。

但是，其為人心胸寬大，很少和人發生摩擦，只是處事常不得要領，搞到最後總是精疲力盡，事倍功半。

O型豬年生的人，處事專注，因此，不適合經常轉換職業，或者經營多面化的企業，唯有固定一項事業，才能發揮才能。

機運——需要細心策畫、充分準備

對O型豬年生的人而言，學習細心以及耐心是件很重要的事。行事光有充沛旺盛的精力和機運，是不能夠成氣候的，還要細心策畫和充分運用，才能使事業開花結果。

而且，對任何事情過早下斷語，都是事業的致命傷，因此，凡事需要好好斟酌考慮，再下決定。

職業——適合當業務員或從事企業經營

O型豬年生的人，具有超人的能力。所以，若當了公司的業務員，即使和外商接洽生意，也能鎮靜地侃侃而談，毫不畏懼。

此外，若是不願受他人的支使或僱用，也可自己創業，獨自經營企業，但是，最好能夠有位踏實冷靜的伴侶同行，才能使業務蒸蒸日上。

愛情——直接且坦白地表達出來

O型豬年生的人，其感情的表達方式，大都很直接。這種人常常毫不理會對方的感受，也不在乎旁人的眼光，會很坦率地表達自己情感。

這種人一旦陷入情網，旁人很快就能發現。什麼學業、工作他全都拋諸腦後，對戀愛如痴如醉，開口盡是讚美愛侶的言語。

被這種人愛上的人，或許可以說是很幸福。但是，有的人卻對這種直接露骨的表達方式敬而遠之。尤其當對方沒有察覺到愛意時，O型豬年生的人，常不分青紅皂白地猛追不捨，而令對方感到困惑納悶。

雖然這種人對愛情那麼強烈，但感情一旦冷卻下來，就好像咒符失效般，濃烈的激情，就完全消失殆盡，好像從未發生過事情一樣。

由於O型豬年生的人，對感情相當專注，所以，當雙方感情受挫失敗，再要尋覓對象，重新開始時，往往需要很長的一段時間。

婚姻——非常顧家，但也希望有自己的事業

O型豬年生的人，非常顧家。在這種人的觀念裡，家人和朋友一樣，需要互相關懷、彼此照顧。

所以，雖然同樣是愛家，卻不是狗年出生者的那種一切以家庭為主的生活。縱使是女性，也不希望成天關在家裡，而會積極地參與社會工作，但是，對孩子的關愛並不比任何人遜色。

性愛——激情的性愛

O型豬年生的人，對性愛大都很熱烈。這種人的體格良好，幾乎都傾向福泰型。所以，精力充沛，性愛態度大都十分狂烈，但也並不是那種貪色之徒。

相反地，跟自己所愛的人，雖然熱情洋溢，但是，對他人卻不為所動，因此，這種人並不是那種愛拈花惹草的人。

適合你的結婚對象

【屬鼠的人】

鼠年生的他，喜歡新奇，不會固定專注在某一件事情上，而你卻不喜歡變化。或許你根本不把它放在眼裡，但你最好不要太早下斷語，因為你做不到的事情，他輕而易舉地就可把它完成。

【屬牛的人】

當你們一起用餐時，你經常扯開彼此的話題毫不理會對方的感受就埋頭猛吃，而牛年生的他，卻希望餐桌上的氣氛融洽和諧，彼此感情交流，並洋溢著幸福的氣息，但由於兩人性格的差異，常使得餐桌上的氣氛尷尬窘迫，而導致兩人情感不了了之。

所以，欲與他交往時，最好你能夠多配合他的步調。

【屬虎的人】

對你而言，虎年生的他，個性強硬，常令你受不了，因為你本身並不喜歡被人支使，喜歡不計成敗地勇往直前。

然而，強硬的行為，並沒有別的用意，若能得到他的幫助，或許對你反而有利。

【屬兔的人】

兔年生的他，是個勤勞的人，沒有你的衝勁個性，你們如果能夠相輔相成，成就定是非同凡響的。因此，選擇伴侶時，「他」是一位相當理想的對象。

你的個性開朗又活潑，在他面前會自然而然地拘謹安靜下來。

【屬龍的人】

龍年生的他，感情易生波折，並不是你的理想對象。他的情緒

不穩，忽而哭、忽而笑，常令你不知如何是好。然而，假如情緒穩定，他將是你很好的夥伴。

【屬蛇的人】

朝向共同的目標前進，兩人或許能互相提攜，形成絕佳的搭擋，但一旦有一方出軌或雙方產生摩擦時，兩人的感情，就很難重歸於好了。

【屬馬的人】

馬年生的他，認為人生一切事故，都是偶然的，但你對他的想法卻很不以為然。由於思想觀念不同，以致日常生活裡經常發生摩擦和爭吵，終而感情破裂，就此分手了。

【屬羊的人】

你的幹勁十足，一味地前進，但卻常觸礁而失敗，羊年生的他最能適時伸出溫暖的手，撫慰受創傷的你，不致讓你感到茫然無所適從。

【屬猴的人】

在參加舞會時，對誰都笑容可掬的他，會令你感到很討厭。如果你是個專情且熱情洋溢的人，不妨向他挑戰看看，觀察他的反應如何？

【屬雞的人】

雞年生的他，辦事講求效率，而你是勤勞主義者，但是，你們性格總是無法協調。

雖然你們互不相干，但是，若能彼此互相學習長處，這樣誰也不吃虧。

【屬狗的人】

狗年生的他，做事態度非常認真。因此，你和他經常是你走你的獨木橋，他過他的陽關道，互不相干。偶爾面對面聊天，就會談得很激烈，更不用說談起嚴肅問題時，會爭論得更激烈。

【屬豬的人】

你們的關係，就好像兩頭野豬碰再一起，沒有起爭執就很幸運了。

這樣的你們最好不要有共同的目標，只要各做各的事，且彼此互相尊重對方，或許前途還可看好。但坦白地說，你們並不是很理想的一對。

如何表現你的魅力

O型豬年生的人，大都不怎麼在意自己的外表，一切總是以整潔樸素為原則。

然而，這樣卻有點沒有自己的特性，尤其在異性面前更欠缺吸引人的地方。

當然，濃妝豔抹，只會得到反效果，因此，最好還是多表現出屬於女性特有的纖細柔情，譬如利用小飾物來強調自己的特色，定能使他人耳目煥然一新。

選擇適合你的對象

生性粗線條的你，最好選擇一位冷靜穩重的伴侶，才能互相提攜、互為彌補。但也不能選擇過於冷靜而幾近冷酷型的人。

把你的個性全部抹殺並不是件好事情，而且你生性心地善良，對人無心機，容易相信他人，因此，那種陰險狡猾的伴侶，對你來說，簡直是一大威脅。唯有慎重小心，經過一段時間的交往之後，再做抉擇，才能確保自己未來幸福安樂。

給你的建議

【學業】 O型豬年生的人，學業方面，大都喜歡臨時抱佛腳，學校的期中考、期末考也許還可以臨陣磨槍，應付得過去。然而，碰到大專聯考等的大場面，那就得令當別論了。

這種人最好多督促自己，每天溫習功課，加強實力才是最重要。

【事業】　O型豬年生的人，衝勁十足，若能加上慎重的思慮，那就再好不過了。

此外，最好能夠制定進度表，每天照著實行，處理任何事情也都能夠保持冷靜的頭腦，才是事業成功的關鍵。

【經濟】　O型豬年生的人財運比他人來得好，然而，卻不懂得開源節流，容易揮霍無度，所以，最好能夠養成每天記帳的習慣。

當然，能夠有位善於理財的伴侶，那是再好不過的事了。

【健康】　O型豬年生的人，大都體健，連感冒也很少患得。

然而，在飲食方面，最好多克制自己，不要暴食暴飲，免得中年以後，成人病症不斷出現，尤其是心臟和肝臟方面的障礙更要注意。

你和他的姻緣表

下頁的姻緣表是將血型與十二生肖配合而做出來的表格，你可藉此表看出你和他的緣分如何？不過，這只是一個大概的情形，僅提供你做為參考。當你看到◉的記號時，不要悲觀、失望，這是告訴你：「若要與他繼續交往，必須更努力才行。」反之，假使出現♡的記號，也不要過於樂觀，而忽略了彼此的努力，否則就會讓幸福悄悄溜走。

♡——可締結良緣，婚後將是最有默契的一對。

★——二人的緣分不錯，成為熱戀中的情侶。

❊——緣分普通。

◆——要繼續交往的話，需多加努力。

◉——緣分不佳，仍需控制自己的情緒。

蛇				龍				兔				虎				牛				鼠				他／妳	
AB	O	B	A	AB	O	B	A	AB	O	B	A	AB	O	B	A	AB	O	B	A	AB	O	B	A		
◉	❀	◆	◆	♡	♡	★	❀	◆	❀	◆	◉	◆	◉	❀	★	★	♡	★	♡	◆	★	❀	◆	A	鼠
❀	◆	◆	◉	★	♡	★	★	❀	★	◆	◆	◆	❀	◆	◆	★	★	♡	★	❀	★	❀	❀	B	
❀	◆	❀	◆	♡	★	♡	♡	◆	◆	◉	❀	❀	❀	◆	◆	★	★	★	♡	❀	◆	❀	★	O	
◆	❀	◆	◆	★	♡	★	★	◆	◆	❀	❀	❀	❀	◆	❀	❀	♡	★	★	◉	❀	◆	❀	AB	
★	★	★	♡	❀	❀	❀	◆	◉	❀	❀	◆	◆	◉	◆	★	❀	❀	❀	◉	★	♡	★	★	A	牛
★	★	♡	★	◆	◆	◆	❀	❀	❀	◆	❀	◆	◉	◆	★	❀	◆	❀	❀	★	♡	★	★	B	
★	♡	★	★	❀	❀	❀	❀	❀	◆	❀	❀	◆	◉	❀	❀	❀	❀	◆	❀	★	★	★	♡	O	
♡	★	★	★	❀	❀	❀	❀	◆	❀	❀	❀	◆	◉	◆	❀	◉	◆	◉	❀	★	♡	★	★	AB	
❀	★	❀	◆	❀	❀	❀	★	❀	★	★	◆	❀	❀	❀	❀	◆	★	★	◆	◆	★	◆	◆	A	虎
❀	★	◆	◆	◆	❀	★	◆	❀	★	◆	◆	❀	◆	◆	❀	◆	★	★	◆	❀	❀	❀	◆	B	
❀	◆	★	★	❀	★	❀	❀	❀	◆	★	★	◆	◆	◆	◆	◆	★	★	◆	◆	❀	◆	★	O	
◆	❀	❀	◆	★	◆	❀	❀	◆	◆	❀	◆	❀	❀	❀	❀	◆	◆	❀	❀	◆	❀	❀	◉	AB	
❀	★	❀	◆	❀	❀	❀	★	❀	❀	❀	◉	◆	◆	❀	★	❀	◉	◉	❀	❀	❀	◆	★	A	兔
❀	★	◆	❀	❀	◆	❀	★	❀	❀	◉	❀	❀	◆	❀	❀	◉	❀	❀	◉	❀	❀	◆	❀	B	
❀	◆	★	★	❀	❀	★	❀	◆	◉	❀	❀	◆	★	◆	❀	◉	◆	❀	◉	❀	◆	◆	❀	O	
◆	★	❀	❀	★	❀	◆	❀	◉	❀	❀	◆	❀	❀	❀	❀	◆	◉	◉	❀	❀	❀	★	❀	AB	
❀	◆	◆	◆	❀	◆	❀	◉	◆	❀	◆	❀	❀	◉	◆	❀	❀	★	❀	◆	★	♡	★	♡	A	龍
❀	❀	❀	❀	❀	❀	◉	❀	◆	❀	◆	❀	◉	❀	❀	◆	❀	★	◆	❀	★	★	♡	★	B	
❀	❀	❀	◆	❀	◉	❀	◆	❀	◆	❀	❀	◆	❀	❀	◆	★	◆	★	★	★	♡	★	♡	O	
❀	◆	◆	❀	❀	❀	❀	❀	◆	◆	❀	◆	❀	◆	◉	❀	◆	❀	★	❀	♡	★	★	♡	AB	
❀	★	◆	❀	❀	❀	❀	◉	❀	❀	❀	◆	◆	❀	❀	❀	★	♡	★	★	◆	◆	❀	◉	A	蛇
★	★	◆	❀	❀	◉	◆	❀	❀	❀	◆	❀	❀	❀	◆	◆	★	♡	★	★	◉	❀	❀	◉	B	
❀	◆	★	★	❀	❀	◉	❀	❀	◆	❀	❀	❀	◆	◆	❀	♡	★	♡	♡	◆	◆	❀	❀	O	
❀	❀	★	◆	◉	❀	❀	❀	❀	◆	❀	❀	◆	◆	❀	❀	♡	♡	★	★	❀	❀	◆	◆	AB	

好♡→★→❀→◆→◉壞

他／妳		豬				狗				雞				猴				羊				馬			
		AB	O	B	A	AB	O	B	A	AB	O	B	A	AB	O	B	A	AB	O	B	A	AB	O	B	A
鼠	A	❀	◆	❀	★	❀	◆	◉	◉	◆	❀	◆	◆	★	♡	★	★	◉	❀	◉	◆	❀	★	❀	❀
	B	◆	◆	❀	★	❀	❀	◉	◉	◆	❀	❀	◆	★	♡	★	★	❀	❀	◆	◆	❀	★	❀	❀
	O	♡	◆	❀	❀	❀	◆	◆	◆	◆	◆	❀	❀	♡	★	♡	♡	❀	❀	❀	❀	❀	❀	★	★
	AB	◆	◆	❀	❀	❀	◆	◆	◆	◆	❀	❀	◉	★	♡	❀	★	◉	❀	❀	❀	◆	★	❀	❀
牛	A	❀	❀	❀	★	◆	◆	❀	◉	★	★	★	♡	❀	◆	❀	❀	❀	★	❀	❀	❀	◉	❀	◆
	B	❀	❀	★	❀	❀	❀	❀	❀	★	♡	★	★	❀	◆	❀	❀	❀	★	❀	❀	❀	◉	◆	❀
	O	❀	❀	◆	◆	◆	◆	❀	◆	★	★	♡	★	❀	❀	◆	◆	★	❀	★	★	❀	◆	◉	◉
	AB	★	❀	◆	◉	♡	◆	❀	◆	♡	★	★	★	❀	❀	❀	❀	❀	★	❀	❀	◆	❀	❀	❀
虎	A	❀	❀	◉	◉	♡	★	★	♡	◆	❀	❀	◆	★	❀	❀	★	◉	❀	❀	◉	★	♡	★	★
	B	❀	❀	◉	◉	★	♡	♡	★	◉	◆	◆	◉	❀	★	★	❀	❀	◆	◉	❀	♡	♡	★	★
	O	◆	◆	❀	❀	★	♡	♡	★	❀	❀	❀	❀	❀	★	★	❀	❀	◉	◆	❀	★	★	♡	♡
	AB	◉	◉	❀	❀	♡	★	★	♡	❀	❀	❀	❀	★	❀	❀	★	◉	❀	❀	◉	★	♡	★	★
兔	A	♡	♡	★	★	★	♡	★	★	❀	❀	★	★	◉	❀	❀	◆	★	♡	★	★	★	◆	◆	★
	B	♡	♡	★	★	♡	♡	★	★	❀	❀	★	★	❀	❀	◆	❀	♡	♡	★	★	◆	◆	❀	◆
	O	★	★	★	★	★	★	♡	♡	★	★	❀	❀	❀	◆	❀	❀	★	★	♡	♡	◆	❀	◆	◆
	AB	★	★	★	★	★	★	♡	★	★	★	❀	❀	◆	❀	❀	◉	★	★	♡	★	★	◆	◆	★
龍	A	◆	❀	❀	◆	♡	★	★	❀	★	♡	★	★	♡	★	★	♡	❀	❀	◆	◆	◆	❀	❀	★
	B	❀	❀	◆	◆	★	★	❀	★	★	♡	★	★	★	★	♡	★	❀	❀	◆	◆	◆	❀	★	❀
	O	❀	❀	◆	❀	★	❀	★	★	♡	★	♡	♡	★	♡	★	★	◆	❀	❀	❀	❀	❀	❀	❀
	AB	❀	◆	❀	❀	❀	★	★	♡	★	♡	★	★	♡	★	★	♡	❀	◆	❀	❀	★	❀	◆	◆
蛇	A	❀	❀	❀	★	❀	◆	❀	❀	♡	★	★	♡	❀	◆	❀	★	❀	◆	❀	❀	❀	❀	◆	◆
	B	❀	❀	★	❀	◆	◆	❀	❀	★	★	♡	★	❀	❀	★	❀	◆	❀	❀	❀	❀	❀	◆	◆
	O	❀	★	❀	❀	❀	❀	◆	◆	★	♡	★	★	◆	★	◆	◆	❀	❀	◆	◆	❀	◉	❀	❀
	AB	★	❀	❀	❀	◆	◆	◆	❀	♡	★	★	♡	★	◆	❀	❀	❀	❀	◆	◆	◆	❀	◉	◉

蛇				龍				兔				虎				牛				鼠				他/妳	
AB	O	B	A	AB	O	B	A	AB	O	B	A	AB	O	B	A	AB	O	B	A	AB	O	B	A		
❀	◆	◆	❀	❀	❀	❀	◆	❀	◆	❀	❀	♡	★	★	♡	❀	❀	❀	◆	❀	❀	❀	★	A	馬
◆	❀	❀	◆	❀	◆	◉	❀	❀	◆	❀	❀	★	★	♡	★	❀	❀	◆	❀	★	★	♡	❀	B	
◆	❀	❀	◆	❀	◉	◆	❀	◆	❀	◆	◆	★	♡	★	★	❀	◆	❀	❀	❀	★	❀	❀	O	
❀	◆	◆	❀	◆	❀	❀	❀	❀	◆	❀	❀	♡	★	★	♡	◆	❀	❀	❀	★	❀	❀	❀	AB	
❀	★	★	❀	❀	◆	❀	❀	★	★	♡	♡	❀	◆	◆	❀	❀	★	★	❀	◆	❀	❀	◆	A	羊
❀	❀	❀	◆	❀	◆	❀	◆	★	♡	♡	♡	❀	◆	◆	❀	★	★	❀	❀	❀	❀	❀	◆	B	
◆	★	❀	❀	◆	◆	❀	❀	★	★	♡	♡	❀	◆	◆	❀	★	❀	★	★	◆	❀	❀	◆	O	
◆	★	❀	❀	◆	◆	❀	❀	★	★	♡	★	❀	◆	◆	❀	❀	★	★	❀	◆	❀	◉	◆	AB	
◆	❀	❀	◆	♡	★	★	♡	◆	❀	◆	◆	❀	★	★	❀	◆	❀	❀	◉	★	♡	★	♡	A	猴
❀	❀	❀	◉	★	★	♡	♡	◉	❀	❀	◉	★	❀	★	❀	❀	❀	◆	◉	♡	★	★	♡	B	
❀	❀	❀	◉	♡	♡	★	★	◆	❀	❀	◆	★	❀	★	❀	◉	◆	❀	❀	★	★	♡	★	O	
◆	❀	★	◆	♡	★	★	♡	◆	❀	◆	◆	❀	★	★	❀	◉	❀	❀	◆	★	♡	♡	★	AB	
♡	★	★	♡	★	♡	★	♡	★	★	❀	★	❀	◉	◆	◆	♡	♡	♡	★	❀	❀	❀	❀	A	雞
♡	♡	♡	★	♡	♡	♡	★	★	★	★	❀	◆	◆	◆	◆	★	♡	♡	★	◆	◆	❀	◆	B	
♡	♡	♡	★	♡	♡	♡	♡	★	★	❀	❀	◆	◆	◆	◆	★	♡	♡	★	◆	◆	◆	◆	O	
♡	★	★	♡	♡	♡	★	★	❀	❀	★	★	❀	◉	◆	❀	★	♡	♡	★	❀	◆	◆	❀	AB	
◆	◆	◆	◉	❀	★	★	★	♡	♡	★	★	★	★	★	♡	❀	❀	◆	❀	❀	❀	❀	◆	A	狗
◆	◆	◉	◆	❀	★	★	★	★	♡	★	★	♡	♡	★	♡	❀	❀	◆	❀	❀	❀	◆	◉	B	
◆	◆	◉	◆	★	★	❀	❀	★	♡	★	★	★	★	★	♡	◆	◆	❀	◆	❀	❀	◆	◆	O	
◆	◆	◆	◉	★	★	❀	❀	♡	♡	★	★	♡	♡	♡	♡	◆	◆	❀	◆	❀	❀	❀	◆	AB	
★	❀	❀	❀	◆	❀	❀	❀	★	♡	★	♡	❀	◉	◆	❀	◆	❀	❀	◆	❀	❀	❀	❀	A	豬
★	★	❀	❀	❀	❀	❀	❀	♡	♡	★	★	❀	❀	◆	❀	❀	◆	◆	❀	❀	◆	❀	◆	B	
★	★	★	★	❀	◆	◆	❀	★	★	★	♡	❀	❀	◆	❀	❀	❀	❀	❀	◉	◉	◉	◉	O	
❀	★	❀	❀	❀	❀	❀	◆	♡	★	♡	♡	❀	◉	◆	❀	❀	◆	◆	❀	❀	◆	❀	◆	AB	

好♡→★→❀→◆→◉壞

他 / 妳		豬				狗				雞				猴				羊							
		AB	O	B	A	AB	O	B	A	AB	O	B	A	AB	O	B	A	AB	O	B	A	AB	A		
馬	A	◆	❀	❀	◆	★	★	★	♡	❀	◉	❀	◆	❀	◆	❀	❀	♡	★	♡	♡	◆	❀		
	B	◆	❀	◆	◆	★	★	♡	★	❀	◆	◆	❀	❀	◆	❀	❀	★	♡	♡	♡	◆	❀		
	O	◆	❀	❀	◆	♡	♡	★	★	◆	❀	❀	◆	◆	❀	◆	◆	★	★	★	★	❀	◆	❀	
	AB	◆	❀	❀	◆	♡	★	★	♡	❀	❀	◆	❀	❀	◆	❀	❀	♡	★	★	♡	◆	❀	◆	
羊	A	♡	★	★	♡	◉	❀	❀	❀	◆	❀	❀	❀	◆	◆	❀	❀	◆	❀	❀	◆	★	★	★	♡
	B	★	♡	★	♡	❀	❀	◉	◆	❀	◆	❀	❀	❀	◆	◆	❀	❀	❀	◉	❀	♡	♡	★	★
	O	♡	♡	★	★	◆	❀	❀	❀	❀	❀	◆	❀	❀	◉	❀	❀	❀	◉	❀	❀	♡	★	♡	♡
	AB	★	★	♡	♡	◉	❀	❀	◉	❀	❀	❀	◆	◆	◉	❀	❀	◉	❀	❀	◆	♡	★	★	♡
猴	A	❀	◉	◆	❀	◆	❀	◆	◆	❀	◆	❀	❀	◆	◆	❀	❀	◉	❀	❀	◉	◆	❀	◆	★
	B		❀	◆	❀	❀	❀	❀	◉	◆	◆	❀	❀	◆	◆	❀	❀	◉	❀	❀	◉	❀	❀	❀	◆
	O	◆	❀	❀	❀	❀	❀	❀	◆	❀	◆	❀	❀	❀	❀	◆	★	◉	❀	❀	◉	❀	❀	◆	❀
	AB	◆	❀	❀	❀	◆	❀	❀	◆	❀	◉	❀	❀	❀	❀	◆	◆	◉	❀	❀	◉	◆	★	❀	◆
雞	A	❀	◆	❀	◉	❀	❀	❀	◆	❀	◆	◆	◉	❀	❀	◉	❀	◉	◆	◆	◉	❀	◆	❀	❀
	B	❀	❀	❀	◆	◆	❀	❀	◆	◆	❀	◉	◆	❀	❀	◉	❀	◆	◉	◉	◆	❀	❀	❀	❀
	O	❀	❀	❀	◆	◆	❀	❀	◆	◆	◉	❀	◆	❀	❀	◆	❀	◆	◆	◆	◆	❀	❀	❀	❀
	AB	❀	◆	◆	◆	❀	❀	❀	◆	◉	◆	◉	❀	❀	◆	◉	❀	◉	◆	◆	◉	❀	◆	❀	❀
狗	A	❀	◉	◆	❀	❀	◆	❀	◉	❀	◆	◉	❀	❀	❀	◉	◆	❀	◆	❀	◆	♡	★	★	♡
	B	❀	❀	❀	◆	◆	◆	◉	❀	❀	◉	◆	❀	❀	❀	◆	❀	◆	❀	◆	◉	♡	★	♡	♡
	O	❀	❀	◆	❀	❀	◉	◆	◆	❀	◆	◉	❀	❀	❀	◉	❀	❀	❀	◆	◉	♡	♡	★	♡
	AB	◆	◉	❀	◆	◉	❀	◆	❀	❀	◉	◆	❀	❀	❀	◉	◆	◉	❀	◆	◆	♡	★	★	♡
豬	A	❀	◉	◆	❀	❀	❀	❀	❀	❀	◉	❀	❀	❀	❀	◆	❀	★	♡	♡	★	❀	❀	◆	◉
	B	◉	❀	❀	◉	❀	❀	❀	❀	◉	◉	❀	◆	❀	◆	❀	❀	★	♡	♡	★	❀	❀	◆	◆
	O	❀	◉	◆	❀	❀	◆	◆	❀	❀	◆	◉	◉	◆	❀	❀	◆	★	♡	★	♡	❀	❀	❀	❀
	AB	❀	◆	❀	◆	❀	★	◆	◆	❀	◆	❀	❀	◉	❀	❀	◆	★	♡	★	♡	◆	❀	◆	◉

書館出版品預行編目資料

血型與十二生肖 / 萬年青 編著
——初版，——臺北市，品冠文化，2008〔民 97 . 03〕
面；21 公分，——（血型系列；3）
ISBN 978－957－468－594－3（平裝）
1.血型 2.生肖
293.6 97000444

O血型與十二生肖 ISBN 978－957－468－594－3

編 著／萬 年 青
發 行 人／蔡 孟 甫
出 版 者／品冠文化出版社
社 址／台北市北投區（石牌）致遠一路 2 段 12 巷 1 號
電 話／（02）28233123・28236031・28236033
傳 眞／（02）28272069
郵政劃撥／19346241
網 址／www.dah-jaan.com.tw
E－mail／service@dah-jaan.com.tw
承 印 者／傳興印刷有限公司
裝 訂／建鑫裝訂有限公司
排 版 者／弘益電腦排版有限公司
初版 1 刷／2008 年（民 97 年）3 月

定 價／180 元